AF627830

UNSERE WELT IN 1000 BILDERN

PFLANZEN

Bäume, Blumen und Gräser

UNSERE WELT IN 1000 BILDERN

PFLANZEN

Bäume, Blumen und Gräser

TEXT **DR. SARAH JOSE**
FACHLICHE BERATUNG **DR. CHRIS CLENNETT**

DK

Lektorat Anita Kakar, Bharti Bedi, Rupa Rao, Arpita Dasgupta, Bipasha Roy, Kingshuk Ghoshal
Gestaltung und Bildredaktion Shreya Anand, Baibhav Parida, Debjyoti Mukherjee, Sifat Fatima, Sanya Jain, Harish Aggarwal, Jaypal Chauhan, Ashok Kumar, Vijay Kandwal, Mohammad Rizwan, Vikram Singh, Rakesh Kumar, Sumedha Chopra, Aditya Katyal, Vishal Ghavri, Taiyaba Khatoon, Govind Mittal
Umschlaggestaltung Tanya Mehrotra, Priyanka Sharma, Saloni Singh
Herstellung Balwant Singh, Pankaj Sharma

DK London
Lektorat Ashwin Khurana, Francesca Baines, Andrew Macintyre, Liz Wheeler, Jonathan Metcalf
Gestaltung und Bildredaktion Rachael Grady, Philip Letsu, Karen Self
Umschlaggestaltung Surabhi Wadhwa-Gandhi, Emma Dawson, Sophia MTT
Herstellung Andy Hilliard, Jude Crozier, Mary Slater

Für die deutsche Ausgabe:
Projektbetreuung Sebastian Twardokus
Herstellungskoordination Bettina Bähnsch
Herstellung Sophie Schiela

Titel der englischen Originalausgabe:
Trees, leaves, flowers & seeds

© Dorling Kindersley Limited, London, 2019
Ein Unternehmen der Penguin Random House Group
Alle Rechte vorbehalten

© der deutschsprachigen Ausgabe: 2020
Dorling Kindersley Verlag GmbH,
Arnulfstr. 124, 80636 München
Alle deutschsprachigen Rechte vorbehalten

Jegliche – auch auszugsweise – Verwertung, Wiedergabe, Vervielfältigung oder Speicherung, ob elektronisch, mechanisch, durch Fotokopie oder Aufzeichnung, bedarf der vorherigen schriftlichen Genehmigung durch den Verlag.

Die automatisierte Analyse des Werkes, um daraus Informationen, insbesondere über Muster, Trends und Korrelationen gemäß § 44b UrhG (Text and Data Mining) zu gewinnen, ist untersagt.

Übersetzung Eva Sixt
Lektorat Agnes Pahler

ISBN 978-3-8310-3926-5
5902-310149-21491-05

Druck und Bindung
Golden Prosperity Printing & Packaging (Heyuan) Co., Ltd.

MIX
Papier | Fördert gute Waldnutzung
FSC® C018179

www.dk-verlag.de

INHALT

VORWORT

Ohne die Pflanzen gäbe es auch uns Menschen nicht. Diese erstaunlichen Lebewesen liefern uns Nahrung und den Sauerstoff, den wir atmen. Dazu brauchen sie nur die Energie der Sonne, Wasser und Kohlenstoffdioxid aus der Luft. Wir sind auf Getreide, Obst und Gemüse angewiesen, um die Weltbevölkerung zu ernähren, und wir brauchen Baustoffe, Kleidung, Treibstoff, Arzneimittel und vieles mehr, was uns die Pflanzen bereitstellen. Seit ich ihre Bedeutung erkannt habe, faszinieren sie mich. Ich erforsche ihre Geheimnisse, um mehr über unsere Beziehung zu den etwa 400 000 verschiedenen Pflanzenarten der Erde herauszufinden.

Dieses Buch zeigt die unglaubliche Vielfalt der Pflanzenwelt, vom kleinen Moos bis hin zum riesigen Nadelbaum. Ihre enorme Bedeutung für alle anderen Lebewesen wird erläutert. Die ersten Landpflanzen entwickelten sich vor etwa 470 Millionen Jahren und breiteten sich auf der Erde aus. Sie schufen viele verschiedene Lebensräume, wie Regenwälder, Grasländer, Moore und Sümpfe. Pflanzen beeinflussten natürlich auch den Lauf unserer Geschichte. Frühe Menschen zogen als Jäger und Sammler umher, bis sie lernten, Nutzpflanzen anzubauen, und sich dann in Siedlungen niederließen. So konnte die Bevölkerung wachsen und viele Kulturen entwickelten sich.

In diesem Buch wirst du etwas über die Wunder der Pflanzenwelt erfahren, die Forscher und Forscherinnen schon seit Jahrhunderten

Kaladie

Echeverie

Zierapfel-Bonsai

faszinieren. Du lernst die höchsten Bäume und betörend duftende Blüten kennen. Manche Gewächse leben nur wenige Wochen, andere werden Jahrtausende alt. Viele Pflanzen locken Tiere an, die ihre Blüten bestäuben und ihre Samen verbreiten. Andere verteidigen sich auf raffinierte Weise gegen hungrige Pflanzenfresser. Du wirst sogar Pflanzen kennenlernen, die selbst Tiere fressen!

Ich hoffe, dass dich dieses Buch neugierig macht und dich dazu anregt, dir all die Pflanzen genauer anzusehen, die in deiner Umgebung wachsen. Erfahre, wie wunderbar und spannend diese wichtigen Lebewesen sind!

Dr. Sarah Jose

In diesem Buch findest du Größenangaben. Sie zeigen dir die Größe der Pflanze im Vergleich zu einem Kind, einem Schulbus oder einer Hand.

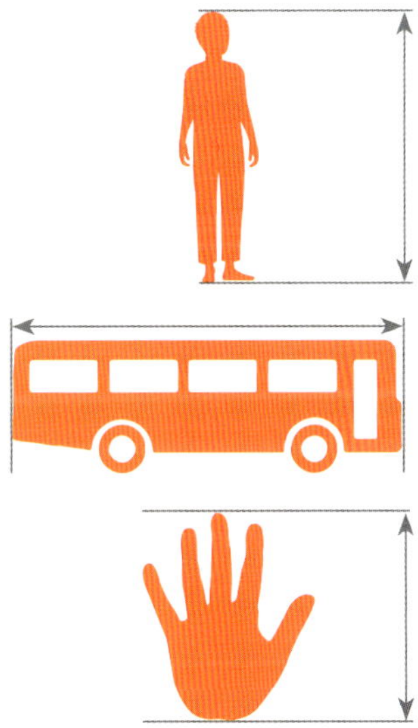

Drachenfrucht

Stechpalme

Radicchio

DIE WELT DER PFLANZEN

Pflanzen ohne Blüten

Zu den blütenlosen Pflanzen gehören die Farne und Moose. Sie vermehren sich mit Sporen. Die Nadelbäume bilden Samen, die nicht in Früchten eingeschlossen sind.

Lebermoose

Brunnenlebermoos

Laubmoose

Dach-Drehzahnmoos

Hornmoose

Glattes Hornmoos

Bärlappe

Sprossender Bärlapp

Reich der Pflanzen

Es gibt etwa 400 000 verschiedene Pflanzenarten. Botaniker (Wissenschaftler, die sich mit Pflanzen befassen) entdecken immer wieder neue Arten. Vor Hunderten Jahrmillionen waren die Pflanzen noch klein und trugen keine Blüten. Im Lauf der Zeit entwickelten sich viele Gruppen, von eher einfach gebauten Farnen bis hin zu wunderschönen Blütenpflanzen. Um Ordnung in die Vielfalt zu bringen, unterscheiden Botaniker zwischen Pflanzen ohne Blüten und Blütenpflanzen. Zu jeder dieser Gruppe gehören viele Arten, einige sind hier abgebildet.

Gräser

Präriegras

Korbblütler

Dahlien

DAS PFLANZENREICH

Blütenpflanzen

Zu den Blütenpflanzen oder bedecktsamigen Pflanzen gehören mehr als 90 Prozent aller Pflanzenarten. Sie bilden Samen, die in Früchten eingeschlossen sind.

Farne

Australischer Taschenfarn

Nacktsamer

Küstenkiefer

Bedecktsamer

Lupine

Einkeimblättrige

Bei einkeimblättrigen Pflanzen besitzt der Keimling nur ein Blatt. Viele Arten haben lange schmale Blätter. Gräser, Orchideen und Palmen gehören zur Gruppe.

Zweikeimblättrige

Bei Zweikeimblättrigen hat der Keimling zwei Keimblätter. Die meisten Arten haben breite Blätter. Zur Gruppe gehören Rosen, Gänseblümchen und Kakteen.

Orchideen

Vanda-Orchidee

Palmen

Kokospalme

Rosen

China-Rose

Kakteen

Alter Mann der Anden

Schmetterlingsblütler

Zuckererbse

Was ist eine Pflanze?

Pflanzen gibt es in allen Formen und Größen, von Moosen bis hin zu riesigen Bäumen. Fast alle enthalten den grünen Farbstoff Chlorophyll. Er nimmt die Energie des Sonnenlichts auf, mit deren Hilfe die Pflanze Nähr- und Aufbaustoffe herstellt. Die braucht sie, um leben und wachsen zu können. Diesen Prozess nennt man Fotosynthese: Die Pflanze nimmt Kohlenstoffdioxid aus der Luft und dem Wasser auf und stellt Zucker her. Dabei wird Sauerstoff frei, den alle Tiere und auch wir zum Atmen brauchen.

Blüte › In der bunten Blüte befinden sich männliche und weibliche Organe. Aus ihnen entwickeln sich Samen.

Ranke › Diese Gurkenpflanze hat zu Ranken umgebildete Sprossen. Sie umschlingen Dinge in der Nähe, die dem Gewächs als Stütze dienen.

Pflanze oder keine Pflanze?

Flechten
Sie sind Lebensgemeinschaften aus einer Alge oder einem Cyanobakterium und einem Pilz. Daher sind sie keine Pflanzen.

Korallen
Korallen sind im Wasser lebende Tiere. In ihren Geweben leben Algen, die mithilfe der Energie des Sonnenlichts Nährstoffe herstellen.

Algen
Algen sind Pflanzen. Oft sind sie grün, aber sie bilden keine Wurzeln, Stängel und Blätter aus. Die meisten leben im Wasser.

Pilze
Pilze bilden ein eigenes Reich. Sie nehmen ihre Nährstoffe aus ihrer Umgebung auf, z. B. aus toten Pflanzen oder Tieren.

Gurkenpflanze

Stängel ❯ Der Stängel stützt die Pflanze. Er kann niedrig oder hoch sein, verholzt oder nicht verholzt.

Blatt ❯ Hier laufen die chemischen Reaktionen ab. Blätter stellen mithilfe der Energie des Sonnenlichts Nähr- und Aufbaustoffe her.

Frucht ❯ In der Frucht sind die Samen geschützt. Viele Früchte locken Tiere an, die das Fruchtfleisch fressen und die Samen mit ihrem Kot ausscheiden.

Wurzeln ❯ Pflanzen verankern sich mit ihrem Wurzelsystem im Boden. Die Wurzeln nehmen Wasser und Mineralstoffe aus dem Boden auf.

Eine Blütenpflanze

Die Gurkenpflanze bildet Blüten, die sich zu Früchten mit Samen entwickeln – den Gurken. Aber nicht alle Pflanzen bilden Blüten, wie z. B. Moose und Farne. Manchmal ist es schwierig zu sagen, was eine Pflanze ist und was nicht. Pilze und Flechten etwa sind keine Pflanzen.

Wurzeln

Die meisten Pflanzen sind mit ihren Wurzeln im Boden verankert. Sie nehmen das lebenswichtige Wasser aus der Erde auf. In ihm sind Mineralsalze gelöst, die die Pflanze braucht. Graswurzeln wachsen büschelig, aber die meisten anderen Pflanzen haben eine Hauptwurzel, von der viele Seitenwurzeln abzweigen.

Wurzeln einer Großen Klette

Blatt ❯ In ihren Blättern stellt diese Pflanze mithilfe der Fotosynthese Zucker her. Der zuckerhaltige Saft bewegt sich abwärts. Wasser nimmt sie über die Wurzeln auf.

Hauptwurzel ❯ Wenn ein Samen keimt, wächst eine Keimwurzel in den Boden. Sie wird meist zur Hauptwurzel und wächst nur an der Spitze. Mit ihrer Wurzelhaube schiebt sie die Bodenteilchen zur Seite.

Seitenwurzeln ❯ Diese dünnen Wurzeln breiten sich von der Hauptwurzel aus und bilden ein verzweigtes Netzwerk.

Wurzelhaare ❯ Winzige Wurzelhaare an der wachsenden Wurzelspitze nehmen zwischen den Bodenteilchen Wasser und Mineralsalze auf, die die Pflanze zum Leben braucht.

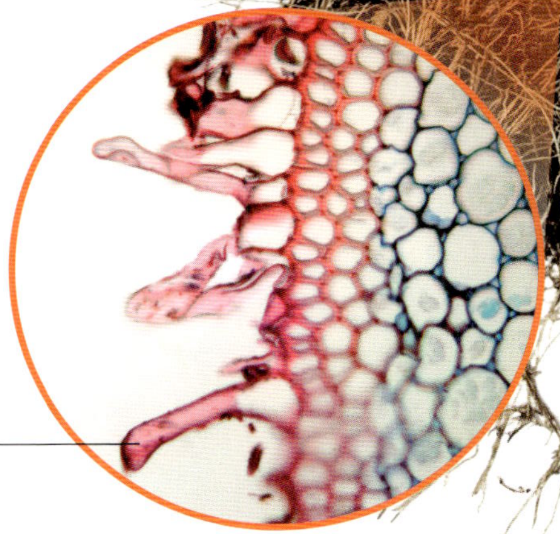

Wurzelhaare ragen aus der Wurzelhaut (hier in Dunkelrosa zu sehen).

Unterschiedliche Wurzeln

In der Luft Einige Pflanzen, oft Arten des Regenwalds, wachsen in den Baumkronen und halten sich mit ihren Wurzeln fest. Spezielle herabhängende Wurzeln nehmen Wasser aus der feuchten Luft auf.

Stützwurzeln Viele Bäume der Regenwälder werden von Wurzeln über dem Erdboden gestützt. Die Bodenschicht im Regenwald ist dünn und die Brettwurzeln verleihen dem Baum zusätzliche Stabilität.

Atemwurzeln Mangrovenbäume sind im Schlamm verwurzelt. Sie wachsen an tropischen und subtropischen Küsten. Mit speziellen Atemwurzeln nehmen sie Sauerstoff aus der Luft auf.

Stelzwurzeln Mangrovenbäume, die an schlammigen Küsten wachsen, stehen bei Flut im Wasser. Viele dieser Bäume besitzen stelzenartige Wurzeln, die ihren Stamm zusätzlich stützen.

Was ist ein Stängel?

Den Stängel oder Trieb einer Pflanze kann man mit unserer Wirbelsäule vergleichen. Er stützt und verbindet Wurzeln, Blätter, Blüten und Früchte. Und er trägt die Blätter dem Sonnenlicht entgegen, sodass sie Nährstoffe herstellen können. Die werden dann vom Stängel in die restliche Pflanze transportiert. Wasser und Nährstoffe gelangen von den Wurzeln nach oben. Baumstämme sind verholzte und dick gewordene Triebe.

Kletternd ❯ Junge Efeustängel sind weich und biegsam. Sie klettern mit Haftwurzeln. Wenn die Pflanze wächst, werden die Stängel dicker und verholzen. Seitlich entspringen neue Triebe.

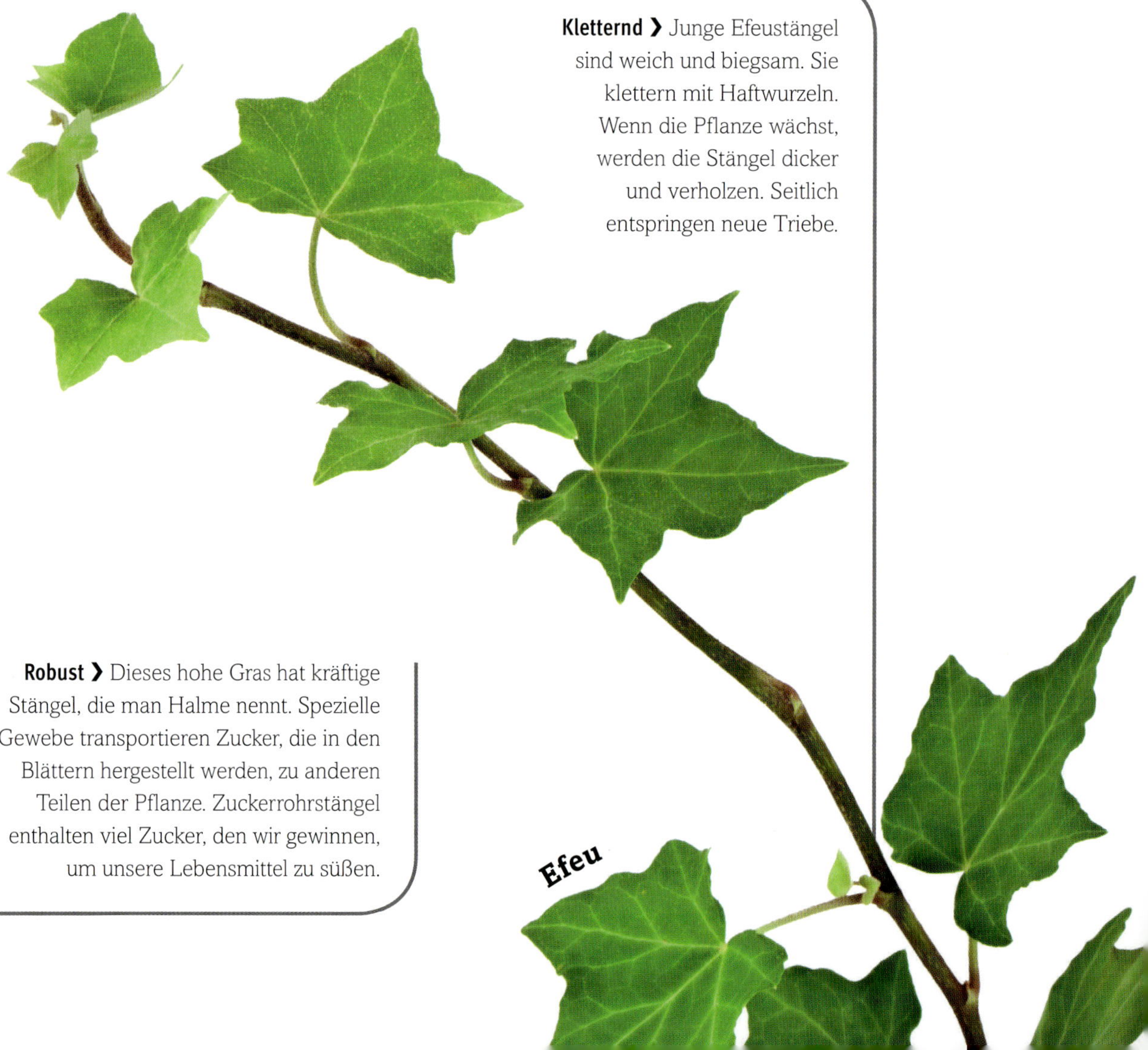

Efeu

Zuckerrohr

Robust ❯ Dieses hohe Gras hat kräftige Stängel, die man Halme nennt. Spezielle Gewebe transportieren Zucker, die in den Blättern hergestellt werden, zu anderen Teilen der Pflanze. Zuckerrohrstängel enthalten viel Zucker, den wir gewinnen, um unsere Lebensmittel zu süßen.

Korkenzieherhasel

Holz ❯ Stämme und Äste sind verholzt und stabil. Sie stützen hohe Pflanzen. Eine äußere Schicht aus Rindengewebe schützt sie. Jedes Jahr entstehen neue Schichten aus verholztem Gewebe, sodass der Stamm immer dicker wird. Bei gefällten Bäumen erkennt man diese Jahresringe.

Zistrose

Weich ❯ Die nicht verholzten Triebe vieler niedriger Pflanzen sind weich und grün. Sie stützen die Pflanze und transportieren Wasser, Nähr- und Mineralstoffe.

Verschiedene Stängeltypen

Verholzte Stämme und Äste enthalten zwei Gewebeschichten. Eine transportiert Wasser und die andere Nähr- und Aufbaustoffe in Form von Zucker. Bei nicht verholzten Stängeln bilden diese Gewebe Leitbündel. Verholzte Stämme und Äste sind von einer schützenden Rinde bedeckt, nicht verholzte Stängel von einer schützenden Gewebeschicht.

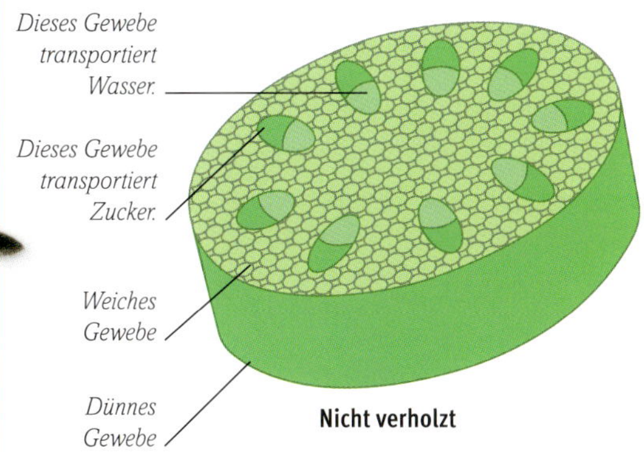

Nicht verholzt

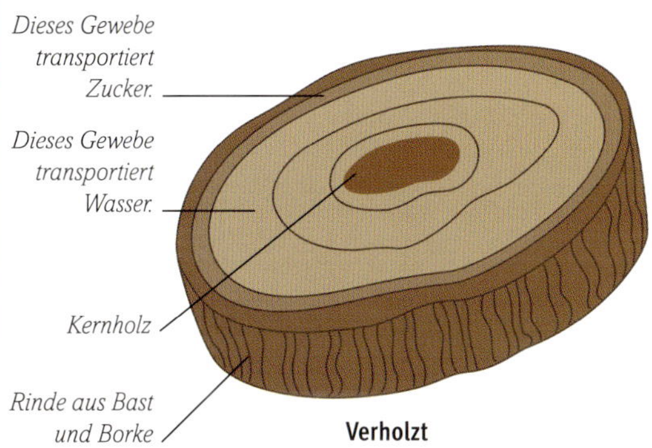

Verholzt

Kleine Saftsauger

Blattläuse stechen Stängel an, um die süße Flüssigkeit zu saugen, die darin transportiert wird. Die Pflanze stirbt deshalb normalerweise nicht ab, aber sie wächst langsamer. Außerdem können Blattläuse Krankheiten übertragen.

LEBENDE BRÜCKEN Der Staat Meghalaya im Nordosten Indiens gehört zu den feuchtesten Regionen der Erde. Jedes Jahr fallen hier fast 12 m Regen pro m^2. Oft treten die Flüsse über die Ufer. Das Volk der Khasi hat eine ungewöhnliche Möglichkeit gefunden, die Dörfer miteinander zu verbinden. Mit den Wurzeln von Gummibäumen bauen die Menschen stabile lebendige Brücken, die bis zu 50 Menschen tragen können.

Diese Brücke besteht aus den Luftwurzeln von Gummibäumen. Man hat die Wurzeln um ein Gerüst aus Bambus und Baumstämmen gewunden, das im Lauf der Zeit morsch wird und verschwindet. Wenn die Luftwurzeln die andere Seite des Flusses erreichen, pflanzt man sie in den Boden, sodass sie dicker und kräftiger werden. Es dauert etwa 15 bis 20 Jahre, bis eine lebende Brücke fertig ist. Einige sind 50 m lang. Die stabilsten lebenden Brücken sind mehr als 100 Jahre alt, manche vielleicht sogar mehr als 500 Jahre. Diese Doppeldeckerbrücke nahe der Stadt Cherrapunji ist über 180 Jahre alt und die Bewohner der Gegend bauen jetzt eine dritte Ebene als Touristenattraktion.

Wie wachsen Samen?

Die richtigen Bedingungen

Samen brauchen ausreichend Wärme, Luft und Wasser, um zu keimen. Einige keimen nur in absoluter Dunkelheit unter der Erde, andere dann, wenn sie Licht wahrnehmen, also wenn sie nicht zu tief im Boden liegen.

Pflanzen sind an einem Ort verwurzelt. Um sich vermehren und ausbreiten zu können, bildet eine Blütenpflanze Samen, aus denen sich neue Pflanzen entwickeln. Ein Samen enthält den Embryo einer jungen Pflanze. Er ruht solange, bis er die perfekten Bedingungen zum Keimen wahrnimmt.

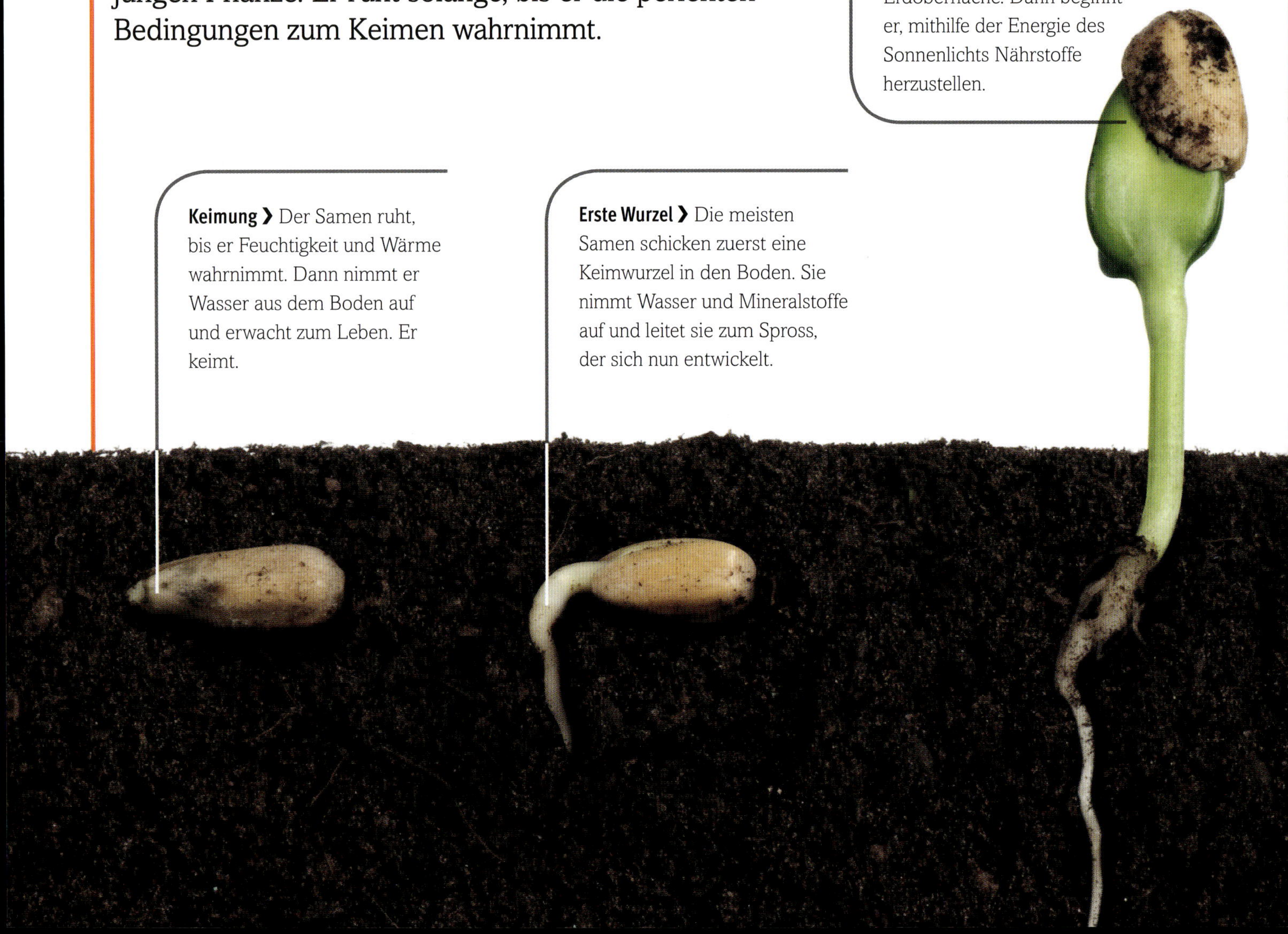

Keimung ❯ Der Samen ruht, bis er Feuchtigkeit und Wärme wahrnimmt. Dann nimmt er Wasser aus dem Boden auf und erwacht zum Leben. Er keimt.

Erste Wurzel ❯ Die meisten Samen schicken zuerst eine Keimwurzel in den Boden. Sie nimmt Wasser und Mineralstoffe auf und leitet sie zum Spross, der sich nun entwickelt.

Keimling ❯ Nun erscheint ein junger Spross. Er durchbricht die Erdoberfläche. Dann beginnt er, mithilfe der Energie des Sonnenlichts Nährstoffe herzustellen.

Keimblätter ❯ Das Keimblatt oder die beiden Keimblätter einer Blütenpflanze sehen oft ganz anders aus als die Blätter, die sich später entwickeln. Die Keimblätter sind Teil des Embryos im Samen.

Im Inneren des Samens

Ein Samen enthält einen perfekt verpackten Pflanzenembryo. Er ist von einer schützenden Schale umgeben. Der Embryo hat eine Wurzel, einen Spross und erste Blätter. In den Keimblättern sind Nährstoffe für den Embryo gespeichert.

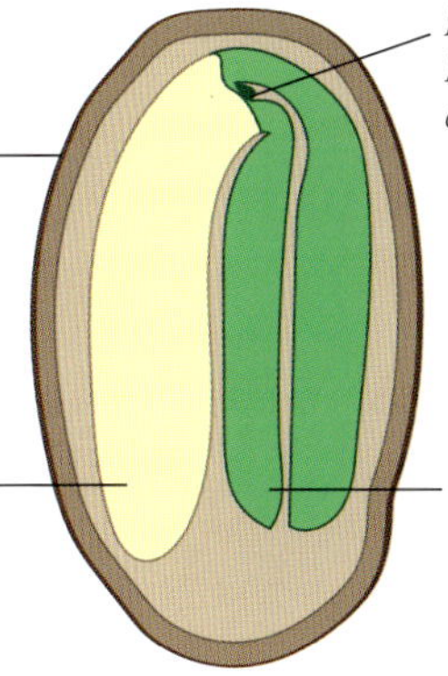

Im Inneren des Samens

Ein oder zwei Keimblätter?

Es gibt zwei Gruppen von Blütenpflanzen: Einkeimblättrige und Zweikeimblättrige, die nach der Zahl ihrer Keimblätter benannt sind. Im Samen sind ein oder zwei Keimblätter angelegt.

Maiskorn (Einkeimblättrige)

Keimung

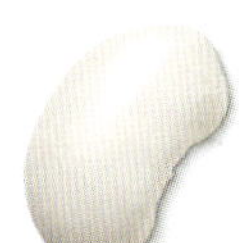

Bohne (Zweikeimblättrige)

Keimung

Frühe Keimung

Manchmal keimen Samen noch an der Elternpflanze. An dieser Erdbeere kann man junge Pflänzchen sehen. Bei anderen Früchten durchbrechen Keimlinge die Schale.

Samenformen

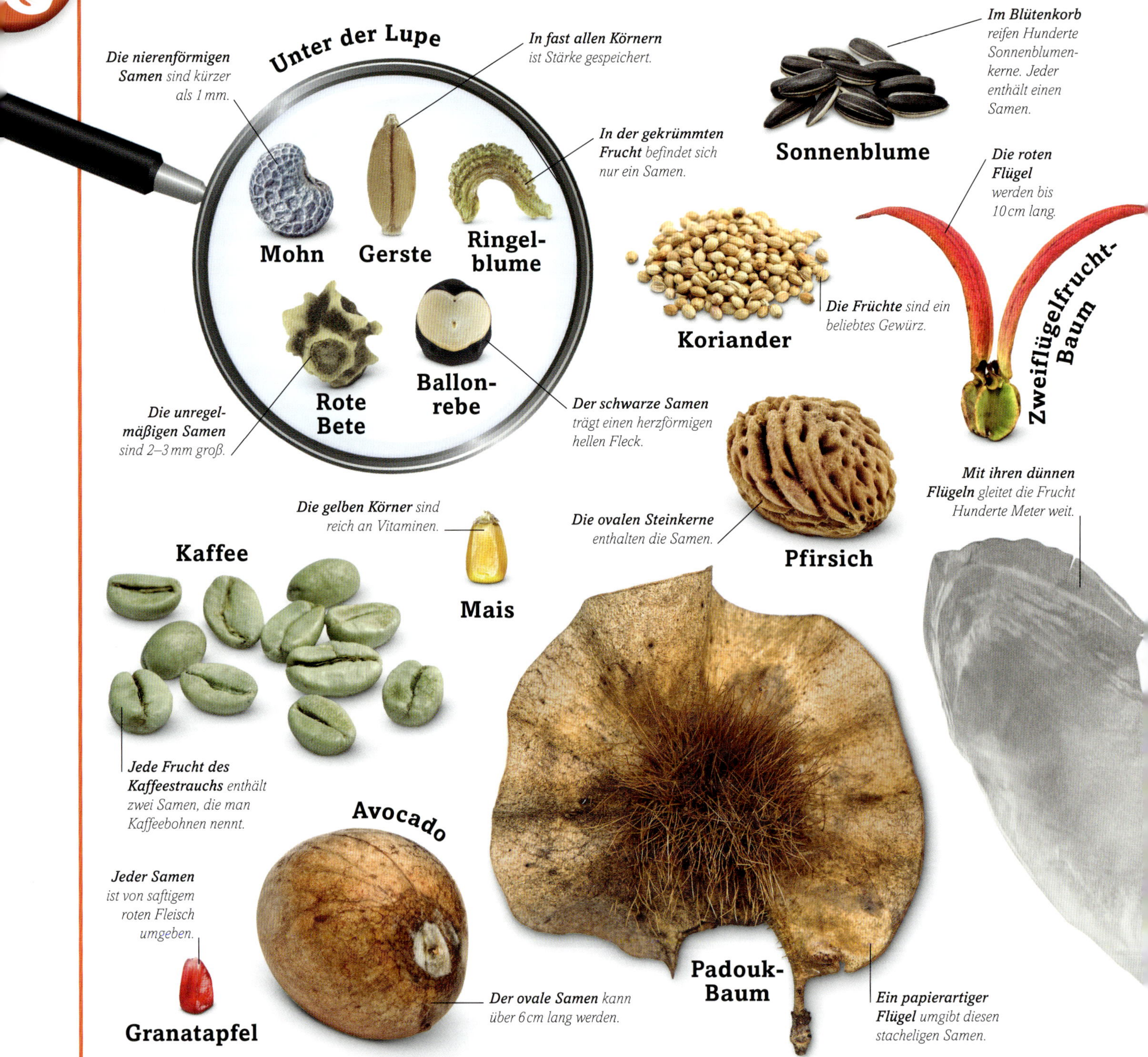

Ein Samen ist ein kleines Paket, das den Embryo einer Pflanze einschließt und alle Nährstoffe enthält, die er zum Keimen braucht. Das ist bei allen Samen so, aber trotzdem haben sie unterschiedliche Formen und Größen. Die Samen jeder Pflanzenart müssen in einer ganz bestimmten Umgebung überleben können.

Im riesigen Samen der **Seychellennuss** sind jede Menge Nährstoffe gespeichert. Deshalb kann die junge Pflanze im Schatten der Mutterpalme wachsen. Der **Mohn** hat eine andere Überlebensstrategie: Er bildet keine großen Samen, sondern Tausende winziger Samenkörner, damit er möglichst gute Chancen hat, sich zu vermehren und auszubreiten. Die stacheligen

Eine stachelige Schale *schützt die glänzenden Samen.*

Rosskastanie

Die abgeflachten ***Samen*** *sind eine gute Eiweißquelle.*

Linse

Javagurke

Seychellennuss

Diese Samen *sind die größten und schwersten der Erde. Einer kann bis zu 18 kg wiegen.*

Fruchtschalen der **Rosskastanie** und des afrikanischen **Padouk-Baums** schrecken hungrige Tiere ab, während die Samen in **Avocados** und **Pfirsichen** für die meisten Pflanzenfresser zu hart sind. Manchmal ist das, was wir für einen Samen halten, in Wirklichkeit eine Frucht, wie z. B. **Sonnenblumenkerne** und **Korianderkörner**.

Brombeere

Zwergmäuse fressen *die saftigen Beeren und verbreiten die Samen mit ihrem Kot.*

Löwenzahn

Verbreitung mit Samen

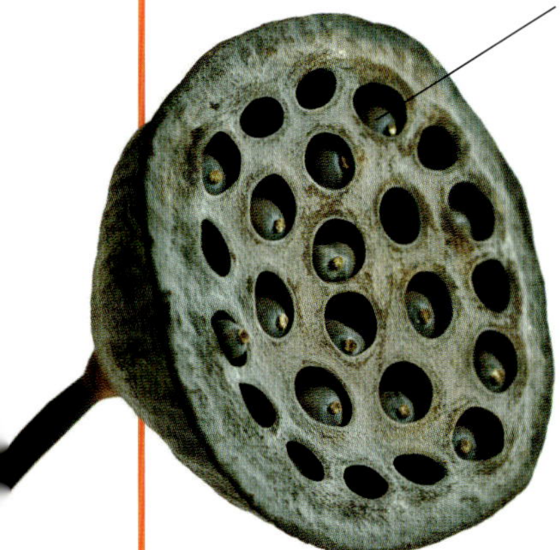

Wenn die trockenen Kapseln *der Indischen Lotosblume geschüttelt werden, fallen reife Samen ins Wasser.*

Indische Lotosblume

Die mit Widerhaken *versehenen Klettenfrüchte haben ungefähr 3 cm Durchmesser.*

Klette

90 bis 110 Borsten *bilden ein Schirmchen, das die Frucht durch die Luft trägt.*

Pflanzen sind mit ihren Wurzeln verankert und können sich nicht fortbewegen. Wenn sie alle ihre Samen dort fallen lassen würden, wo sie wachsen, würden die jungen Pflanzen um Wasser, Mineralstoffe und Licht konkurrieren. Deshalb verbreiten Pflanzen ihre Samen auf unterschiedliche Weise. Bei manchen explodieren die reifen Kapseln. Andere nutzen Tiere, den Wind oder das Wasser zur Verbreitung.

Mit dem Wind und dem Wasser werden die Samen in den Früchten am weitesten verbreitet. Die Früchte von **Löwenzahn** und **Mariendistel** besitzen Schirmchen, die Früchte der **Ahorn-** und südamerikanischen **Cuipo-Bäume** kreiseln in der Luft. Der Wind trägt sie deshalb weit fort. **Kokosnüsse** werden im Meer oft Hunderte Kilometer weit geschwemmt. Auch Tiere verbreiten viele Samen. Sie fressen Früchte und scheiden die unverdauten Samen mit dem Kot aus. **Kletten** haften mit Häkchen im Fell von Tieren und werden fortgetragen. Im Herbst vergraben Eichhörnchen **Eicheln** und **Nüsse.** Die, die die Tiere vergessen, können später keimen.

Verbreitung ohne Samen

Viele Pflanzen können sich rasch verbreiten, ohne Samen zu bilden. Zu diesem Zweck stellen einige Arten Kopien von sich selbst her. Bei manchen treiben Jungpflanzen an Knollen oder Ausläufern aus. Manchmal entwickeln sich sogar neue Pflanzen an den Blatträndern.

Viele **Pfefferminz-** und **Bambusarten** oder **Erdbeerpflanzen** senden lange Ausläufer aus, entweder direkt unter der Erdoberfläche oder auf dem Erdboden. Sie können Wurzeln schlagen und Jungpflanzen bilden. Aus unterirdischen Sprossen (Rhizomen) von manchen **Schwertlilien** treiben neue Pflanzen aus. Andere Arten,

Erdbeerpflanze

AUSLÄUFER

Eine Erdbeerpflanze bildet am oder direkt unter dem Erdboden lange Ausläufer. An den Knoten erscheinen neue Pflänzchen. In günstigem Boden können sie sich rasch ausbreiten.

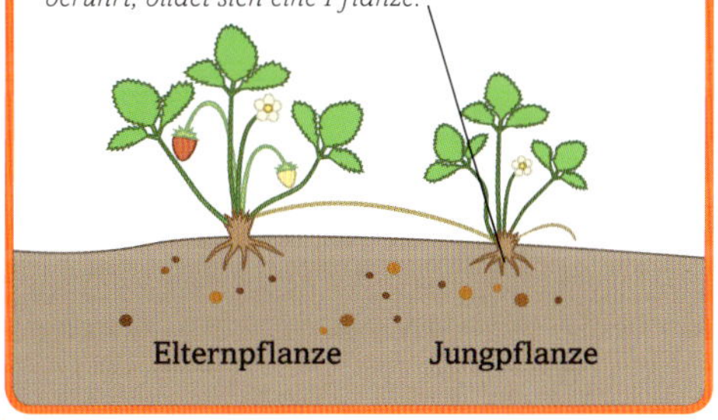

wie **Süßkartoffeln**, bilden unterirdische Speicherwurzeln. Wenn bei ungünstigem Wetter ihre Blätter absterben, liefert die dicke Wurzel genügend Nährstoffe, sodass neue Pflanzen austreiben können. **Grünlilien** bilden an herabhängenden Blütenständen Ableger. Wenn sie den Boden berühren, wurzeln sie rasch ein. Beim **Brutblatt** bilden sich an den Rändern der Blätter winzige Jungpflanzen. Später fallen sie ab und wachsen zu neuen Pflanzen heran.

Der Lebens-zyklus

Manche Blütenpflanzen leben nur einige Monate, andere viele Jahre lang. Eine Klatschmohnpflanze keimt, blüht, bildet Samen und stirbt noch im selben Jahr ab. Solche Arten nennt man einjährige Pflanzen. Andere Blütenpflanzen leben mehrere oder viele Jahre lang. Sie bilden und speichern Nährstoffreserven. Man nennt sie mehrjährige Pflanzen. Es hängt auch vom Klima ab, wann eine Pflanze ihren Lebenszyklus abschließt.

1 Die Samen ruhen, bis die Bedingungen zum Keimen günstig sind.

2 Stehen genügend Wasser, Wärme und Licht zur Verfügung, treiben eine Keimwurzel und ein Spross aus.

3 Keimlinge bilden Blätter, die Nährstoffe herstellen, und weitere Wurzeln, um Wasser aufzunehmen.

4 Blütenknospen erscheinen. Bei einjährigen Pflanzen, wie diesem Mohn, bildet sich die Knospe oft schon wenige Wochen nach dem Keimen.

8 Die Frucht wächst und reift. Ihre Samen werden verstreut und der Zyklus beginnt von neuem.

Späte Blüte

Hoch in den südamerikanischen Anden wächst die „Königin der Anden“ im kalten Klima nur langsam. Erst nach etwa 80 Jahren blüht sie, und ihr riesiger Blütenstand wird fast 10 m hoch. Mit seinen bis zu 30 000 Blüten überragt er die Pflanzen in der Umgebung. Bevor er abstirbt, verstreut er Millionen Samen.

7 *Nachdem die Blüte bestäubt wurde, wirft sie ihre Kronblätter ab. Eine Kapselfrucht bildet sich, die viele kleine Samen enthält.*

5 *Grüne Kelchblätter schützen zunächst die bunten Kronblätter. Wenn sich die Blütenknospe öffnet, entfalten sich die Kronblätter.*

6 *Süßer Nektar in der geöffneten Blüte lockt Insekten wie Bienen an. Sie bestäuben die Blüte.*

Was ist ein Blatt?

Die meisten Blätter sind flach und grün, aber es gibt sie in vielen unterschiedlichen Formen und Größen. Fast alle Blätter stellen mit der Energie des Sonnenlichts Nähr- und Aufbaustoffe für die Pflanze her. Dieser Prozess, den man Fotosynthese nennt, läuft im grünen Farbstoff Chlorophyll innerhalb der Blätter ab.

Adernetz › Ein Netz aus feinen Adern verbindet die grünen Gewebe des Blatts mit der Mittelrippe und dem Blattstiel.

Spaltöffnungen › Winzige Poren an der Blattunterseite öffnen sich meist am Tag, um Kohlenstoffdioxid (CO_2) aufzunehmen. Nachts schließen sie sich, damit nicht zu viel Wasser verdunstet.

Blattunterseite

Blattstiel › Mit dem Stiel sitzt das Blatt an der Pflanze. Bei einigen Pflanzen bewegen die Stiele die Blattspreiten so, dass sie möglichst viel Sonnenlicht auffangen.

Blattspreite › Das grüne Gewebe der flachen Blattspreite nimmt Sonnenlicht auf und stellt bei der Fotosynthese Zucker als Nähr- und Aufbaustoffe her.

Mittelrippe ❯ Im verdickten Bereich in der Mitte des Blatts verläuft die Mittelrippe. Sie verleiht dem Blatt Stabilität.

Blatt eines Apfelbaums

Adern ❯ In den Adern verlaufen zwei Arten von Gefäßen. Im Xylem wird Wasser von den Wurzeln nach oben transportiert. Im Phloem werden Nährstoffe in alle Pflanzenteile befördert.

Die Fotosynthese

Pflanzen stellen bei der Fotosynthese ihre eigenen Nähr- und Aufbaustoffe her. In den Blättern ist der Farbstoff Chlorophyll enthalten. Er nutzt die Energie des Sonnenlichts, um aus Kohlenstoffdioxid in der Luft und Wasser aus dem Boden Nähr- und Aufbaustoffe (Zucker) herzustellen. Dabei wird Sauerstoff frei.

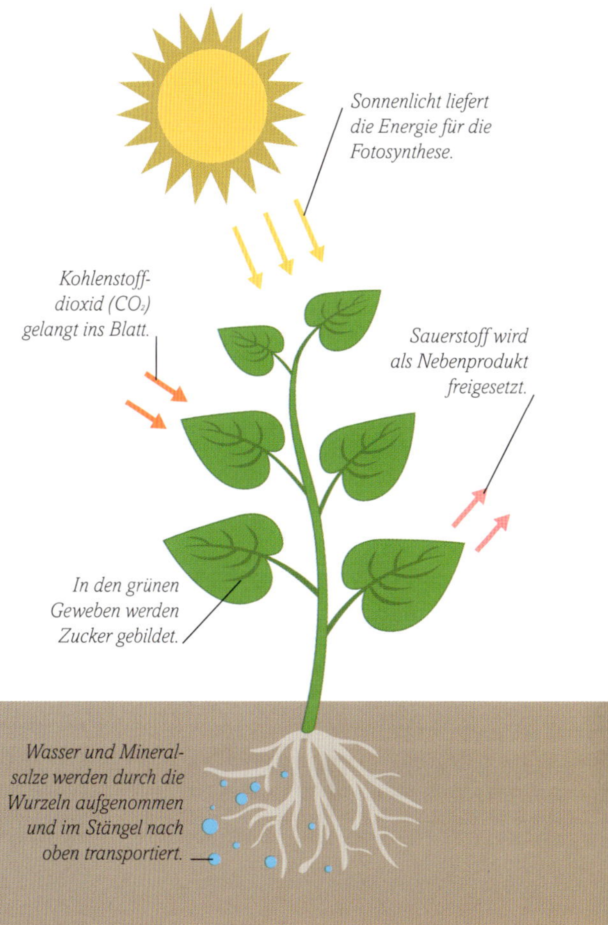

Herbstblätter

Wenn der Herbst naht, wird der grüne Farbstoff Chlorophyll schneller abgebaut, als sich neuer bilden kann. Weil deshalb immer weniger Chlorophyll im Blatt vorhanden ist, werden rote, orangefarbene und gelbe Farbstoffe sichtbar. Gleichzeitig beginnt die Pflanze, violettrote Farbstoffe zu bilden. Deshalb sind die Blätter im Herbst so wunderbar bunt.

Ahornblätter im Herbst

Einfache Blätter

Ein typisches Blatt hat eine flache Blattspreite, die von einem Adernetz durchzogen ist. Die Adern stützen das Blatt und transportieren Wasser und Nährstoffe aus der restlichen Pflanze herbei. Ein einfaches Blatt hat eine ungeteilte Blattspreite.

Einfache Blätter gibt es in vielen Formen und Größen. Sie sind jeweils an ihren Lebensraum angepasst. Im feuchten Regenwald haben die Pflanzen große Blätter, während sie bei Arten an trockeneren Standorten meist kleiner sind. Bei einigen, wie **Efeu**, verändert sich die Form der

Blätter im Lauf des Wachstums, sodass sie möglichst viel Sonnenlicht auffangen können. Das **Fensterblatt** wächst in Regenwäldern. Es hat mit Wachs überzogene Blätter mit Träufelspitze, sodass Regenwasser abtropft. Eine andere Regenwaldpflanze, die **Amazonas-Riesenseerose**, hat unglaublich große Blätter, die sich auf dem Wasser ausbreiten. Forscher vermuten, dass sich gezähnte Blattränder, wie beim **Zuckerahorn** und der **Birke**, schneller erwärmen. Dadurch kann die Pflanze im kühlen Frühjahr wachsen.

Zusammengesetzte Blätter

Das Laub färbt sich im Herbst goldgelb.

Mimose

***Bei Berührung** falten sich die Fiedern innerhalb von 3 Sekunden zusammen.*

Doppelt gefiedert

Jatoba

Zwei Fiedern

***Die glänzenden Blätter** dieses südamerikanischen Baums erinnern an die Hufe einer Kuh. Er trägt stinkende Früchte.*

Tamarindenbaum

Paarig gefiedert

***Die ovalen Fiedern** falten sich in der Nacht zusammen.*

Lupine

***Lupinenblätter** haben bis zu 17 Fiedern.*

Handförmig

Junge Lupinenblätter sind **gefaltet**. Später öffnen sie sich.

Die Spreite von einem zusammengesetzten Blatt besteht aus zwei oder mehr getrennten Fiedern. Sie sitzen entweder an einer Blattspindel oder entspringen einem einzigen Punkt. Zusammengesetzte Blätter gibt es in vielen Formen und Größen.

Ein zusammengesetztes Blatt besteht aus mehreren Fiederblättchen, deren Oberfläche kleiner ist als die eines ungeteilten Blatts. In einer trockenen Gegend verliert die Pflanze deshalb weniger Wasser durch Verdunstung. Zusammengesetzte Blätter wie die von **Lupinen** flattern im Wind

Gleditschie

Paarig gefiedert

***Jede Fieder** ist von parallelen Blattadern durchzogen.*

Rosskastanie

Fünf Fiedern

***Vier herzförmige Fiedern** entspringen am Blattstiel.*

Glücksklee

Vier Fiedern

***Der Blattstiel** sieht aus wie eine zweite Blattspreite.*

Pampelmuse

Verbreiterter Blattstiel

Silberfarn

***Dieser Farn ist** nach den silbrigen Blattunterseiten benannt.*

Doppelt gefiedert

***Die weiße Zeichnung** ist typisch für diese Kleeart.*

Weißklee

Drei Fiedern

DAS LÄNGSTE BLATT

Die Blätter von Raphiapalmen werden bis zu 25 m lang, mehr als doppelt so lang wie ein Schulbus.

Raphiapalmenblatt

nicht so stark wie einfache Blätter und brechen deshalb nicht so leicht ab. Die Fiederblättchen der **Mimose** falten sie sich schnell zusammen, wenn ein hungriges Tier sie berührt. Beim **Tamarindenbaum** falten sie sich nachts zusammen und sind für Pflanzenfresser deshalb weniger attraktiv. Einige zusammengesetzte Blätter wachsen sehr schnell. Das hilft z. B. der amerikanischen **Gleditschie**, so viel Sonnenlicht wie möglich aufzufangen. Bei der **Pampelmuse** sieht der Blattstiel aus wie eine zusätzliche Blattspreite – er kann ebenfalls viel Sonnenlicht auffangen.

Pflanzen mit Mustern

An den hellen Stellen kann die Pflanze keine Fotosynthese betreiben, deshalb wächst sie langsamer.

Schmetterlingsagave

Die rosa Blüten tragen dunklere Flecken auf den oberen Kronblättern.

Pelargonie

Helle Flecken sehen aus wie die Fraßspuren eines Insekts.

Kaladie

Im Gewebe über den Adern wird kein roter Farbstoff gebildet, deshalb entstehen weiße Streifen.

Flamingoblume

Die bunten Streifen sind die Folge einer Virusinfektion.

Tulpe

Weiße Flecken lassen das Blatt beschädigt und unappetitlich aussehen.

Wasserblatt

Pflanzen mit in mehreren Farben gemusterten Blättern sind bei Gärtnerinnen und Gärtner beliebt, aber in der Natur kommen sie eher selten vor. In den grünen Teilen der Blätter findet Fotosynthese statt, während helle Flecken das Wachstum verlangsamen.

Gärtner haben Pflanzen mit farbig gemusterten Blättern und Blüten ausgelesen, weil sie schön aussehen. **Stechpalmen** und **Schmetterlingsagaven** mit ihren bunten Blättern sowie **Pelargonien**, **Dahlien** und **Flamingoblumen** mit ihren

Begonie

Die silbergrünen Gewebe *bilden durch Fotosynthese Nährstoffe.*

Rose

An den weißen Stellen *werden keine Farbstoffe gebildet.*

Korbmarante

Korbmarantenblätter *können viele Muster haben, wie mosaikartige Flecken oder Streifen.*

Samen von **Begonien** sind winzig wie Staubkörner.

Stechpalme

Die stacheligen Blätter *sind robust. Eine Stechpalme wird bis zu 15 m hoch.*

Dahlie

Nur die Blattspitzen *bilden dunkelrosa Farbstoffe.*

Petunie

Die violettblauen Blüten *mit weißen Flecken erinnern an einen Sternenhimmel.*

wunderschönen Blüten sind Züchtungen. Im 17. Jahrhundert kam es in den Niederlanden zu einem Tulpenwahn und man bezahlte unglaubliche Summen für Zwiebeln von **Tulpen** mit gestreiften Blüten. Später fand man heraus, dass der Grund für die Muster eine Virusinfektion war. Manche **Begonien** und das nordamerikanische **Wasserblatt** gehören zu den wenigen Pflanzen, die natürlicherweise gemusterte Blätter haben. Die weißen Flecken lassen sie für Insekten beschädigt und wenig appetitlich aussehen.

SYMMETRISCHE MUSTER

Wenn du eine Sonnenblume drehst, sieht das Muster des Blütenkorbs immer gleich aus. Der Aufbau ist radiärsymmetrisch. Die kleinen Blüten sind so angeordnet, dass spiralige Reihen vom selben Punkt in der Mitte der Blüte ausgehen. Sie krümmen sich in entgegengesetzte Richtungen: im Uhrzeigersinn und gegen den Uhrzeigersinn.

Eine solche Radiärsymmetrie kommt in der ganzen Pflanzenwelt vor, vom Gänseblümchen bis hin zum Kiefernzapfen. Die Spiralen folgen einem Muster, das man Fibonacci-Folge nennt. Sie ist nach dem italienischen Mathematiker benannt, der diese Gesetzmäßigkeit beschrieben hat. Die Folge beginnt mit 1, 1, 2, 3, 5, 8, 13, 21 und so weiter. Die Fibonacci-Folge findet man in der Natur so häufig, weil man auf diese Weise die meisten Blüten, Blätter oder Samen auf begrenztem Raum unterbringen kann. Ein Blütenkorb der Sonnenblume besteht aus vielen kleinen Blüten. Die dunklen stäbchenförmigen Gebilde im Bild oben sind die Staubgefäße geöffneter Blüten, während die Blüten in der Mitte noch geschlossen sind.

Abwehr

Tiere können vor ihren Feinden fliehen, aber Pflanzen können natürlich nicht davonlaufen, wenn sich ein gefräßiges Tier nähert. Deshalb haben sich viele so entwickelt, dass sie für Pflanzenfresser möglichst unappetitlich oder gefährlich sind. Die Abwehr reicht von Dornen und Stacheln bis hin zu Giftstoffen.

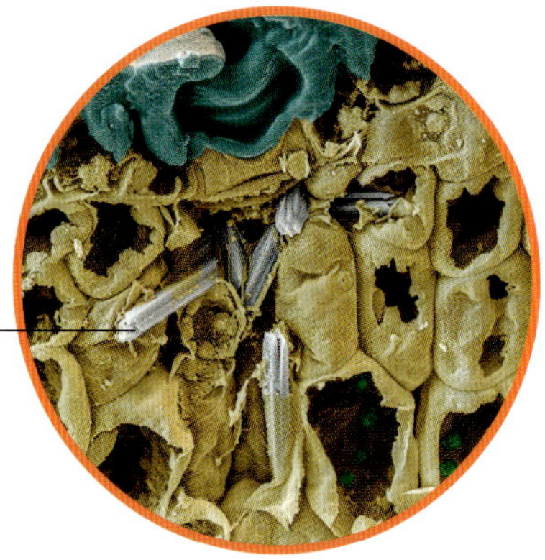

***Nadelförmige Kristalle** in den Blättern sorgen dafür, dass kein Tier die Blaue Agave gern frisst.*

Silbergraue Kristalle

***Stacheln an den Rändern** schützen die fleischigen Blätter.*

Blaue Agave

Kameldorn

***Die Dornen** können bis zu 6 cm lang werden.*

Kratzdistel

***Stacheln** am Stängel schützen vor gefräßigen Tieren.*

***Teeblätter enthalten Tannine**, bitter schmeckende Stoffe, die Pflanzenfresser abschrecken.*

Teestrauch

Wollziest

***Insekten haben Schwierigkeiten**, die wollig behaarten Blätter zu fressen.*

***In den verdickten Teilen** leben Ameisen. Sie vertreiben hungrige Tiere und schützen so die Pflanze, in der sie leben.*

Ameisenfarn

Um Feinde abzuschrecken, sind bei einigen Pflanzen, wie beim **Kameldorn**, Zweige zu spitzen Dornen umgebildet. Andere, wie der **Stechginster**, haben zu Dornen umgebildete Blätter. Bei Rosen sitzen Stacheln an den Trieben. Eine andere Abwehrstrategie beruht auf chemischen Verbindungen. Der **Teestrauch**, die **Seidenpflanze** und die **Blaue Agave** bilden scheußlich schmeckende oder scharfe Stoffe, um Tiere abzuschrecken, die an der Pflanze knabbern. Auch die Flecken auf den Blättern mancher **Passionsblumen** dienen der Abwehr. Sie sehen aus, als hätten Schmetterlinge ihre Eier darauf abgelegt – Falter halten Ausschau nach einem unbefleckten Blatt.

Seidenpflanze

Der weiße Saft *ist für viele Säugetiere giftig.*

Flötenakazie

Die Dornen *werden bis zu 7 cm lang.*

In den angeschwollenen Dornen *leben Ameisen und vertreiben gefräßige Pflanzenfresser.*

Passionsblume

Die Flecken *auf den Blättern ähneln Schmetterlingseiern.*

Kleine Vögel, die im Stechginster **nisten**, sind vor Feinden prima geschützt.

Brennnessel

Die Stängel und Blätter *sind mit Brennhaaren besetzt.*

Die spitzen Haare *verspritzen einen schmerzhaften Giftcocktail.*

Brennhaare

Stechginster

Die Dornen *am Strauch können bis zu 6,5 cm lang werden.*

Aus den Knospen *entfalten sich gelbe Blüten, die nach Kokos riechen.*

Rose

Nach unten weisende Stacheln *verhindern, dass ein Fressfeind am Stängel emporklettert.*

Pflanzen und Stickstoff

Pflanzen nutzen die Energie des Sonnenlichts, um aus Kohlenstoffdioxid und Wasser Zucker herzustellen, die sie brauchen, um leben und wachsen zu können. Dazu benötigen sie auch Eiweiße, und diese chemischen Moleküle enthalten Stickstoff. Obwohl zwei Drittel der Luft, die wir atmen, aus diesem lebenswichtigen Stoff bestehen, können Pflanzen den Stickstoff aus der Luft nicht aufnehmen. Stattdessen sind sie darauf angewiesen, dass Mikroorganismen im Boden aus Stickstoff in der Luft und aus Überresten toter Lebewesen Nitrat herstellen.

Der Stickstoffkreislauf

Pflanzen, Tiere und alle anderen Lebewesen enthalten Stickstoff. Wenn sie sterben, zersetzen Bakterien und Pilze ihre Überreste. Dabei entsteht Nitrat, mit dem Pflanzen Eiweiße herstellen können. Die Pflanzen werden wiederum von Tieren gefressen. Stickstoff gelangt so ständig von der Luft in den Boden und in alle Lebewesen. Man spricht dabei vom Stickstoffkreislauf.

1 *Stickstoff gelangt in Gasform aus dem Boden in die Luft. Auch ein Blitz kann gasförmigen Stickstoff in Nitrat verwandeln.*

2 *Einige Bakterien im Boden können gasförmigen Stickstoff in Ammoniak und Ammonium-Ionen verwandeln, die dann in Nitrat umgewandelt werden können. Ähnliche Bakterien, die Stickstoff fixierenden Bakterien, leben in Wurzelknöllchen einiger Pflanzen, wie z. B. in Erbsen.*

Stickstoff fixierende Bakterien

3 *Pflanzen nehmen mit ihren Wurzeln im Wasser gelöstes Nitrat auf. Sie brauchen es zur Herstellung von Eiweißen und anderen lebenswichtigen Stoffen.*

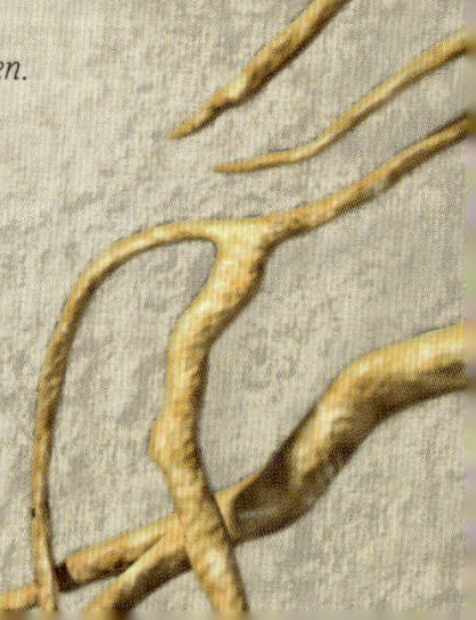

Stickstoffmangel

Bei Stickstoffmangel kann die Pflanze nicht genügend Eiweiße herstellen, die sie für ihr Wachstum braucht. Sie bildet auch nicht genügend grünen Farbstoff (Chlorophyll), sodass die Blattränder ausbleichen oder gelb werden.

Weinrebenblatt bei Stickstoffmangel

4 Tiere, wie diese Kuh, fressen Pflanzen. Sie nehmen die Eiweiße der Pflanzen auf und stellen Eiweiße für ihren eigenen Körper her.

5 Mit dem Kot und Urin gelangt Stickstoff wieder in den Boden, wo er in Nitrat umgewandelt wird.

6 Pilze und Bakterien, die im Boden leben, ernähren sich von Kot oder den Überresten toter Tiere und Pflanzen. Sie brechen Stickstoff enthaltende Bestandteile auf und geben Nitrat in den Boden ab.

7 Bestimmte Bakterien im Boden verwandeln Nitrat wieder in gasförmigen Stickstoff, der in die Luft entweicht.

PFLANZEN OHNE BLÜTEN

Nichtblühende Pflanzen

Die ältesten Pflanzen besitzen keine Blüten. Sie haben sich bereits vor vielen Hundert Millionen Jahren entwickelt. Die ersten Pflanzen der Erde waren einfach gebaute Gewächse wie Lebermoose und Laubmoose. Die meisten nichtblühenden Pflanzen wachsen an feuchten Orten, wo sie nicht so leicht austrocknen. Farne sind komplizierter aufgebaut, aber viele brauchen ebenfalls eine feuchte Umgebung. Fast alle blütenlosen Pflanzen bilden keine Samen, sondern vermehren sich mit winzigen Sporen, die der Wind fortträgt. Nur die Nacktsamer bilden stattdessen Zapfen, die die Samen enthalten. Zu dieser Gruppe gehören die Nadelbäume.

Lebenszyklus eines Mooses

Eine Kapsel entlässt Sporen in die Luft. Wenn diese landen, kann sich ein Pflänzchen mit winzigen Fortpflanzungsorganen bilden. Regnet es, können die männlichen Samenzellen zu den weiblichen Eizellen schwimmen und sie befruchten. Aus der befruchteten Eizelle wächst die Sporenkapsel heran, die wieder Sporen entlässt.

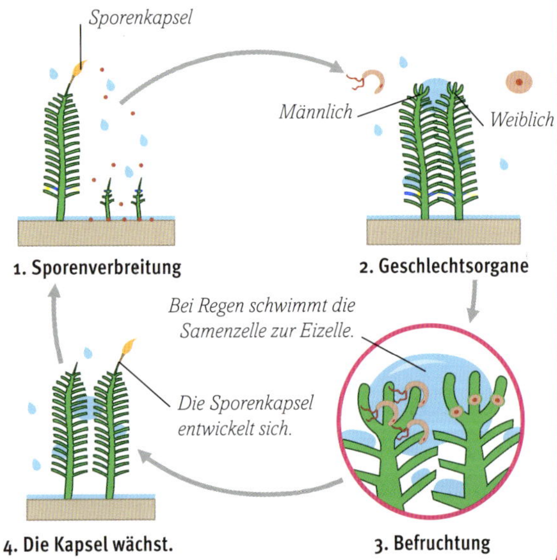

Nährstofffabrik ❯ Das grüne, beblätterte Moospflänzchen (Gametophyt genannt) bildet durch Fotosynthese Nährstoffe. Er besitzt keine Leitgefäße, die Wasser und Nährstoffe transportieren. Diese können über seine Oberfläche eindringen.

Sporenkapsel ❯ An der Spitze jedes Sporophyten bildet sich eine Kapsel. Wenn die Sporen reif sind, bricht der Deckel auf. Aus einer Öffnung werden die Sporen entlassen. In jeder Kapsel befinden sich Tausende winziger Sporen, die vom Wind verweht werden.

Die braunen Sporophyten bilden keine eigenen Nährstoffe. Sie sind auf den grünen Gametophyten angewiesen, auf dem sie wachsen.

Sporophyt ❯ Auf dem grünen Moospflänzchen entwickelt sich der Sporophyt. Er beginnt zu wachsen, wenn eine weibliche Eizelle von einer männlichen Spermazelle befruchtet wird.

Blütenlose Pflanzen

Lebermoose
Die Lebermoose entwickelten sich vor etwa 470 Mio. Jahren und gehörten zu den ersten Pflanzen an Land. Heute gibt es ungefähr 9000 Lebermoosarten.

Laubmoose
Laubmoose wachsen meistens in Rasen oder Polstern an schattigen Orten. Sie sehen alle ziemlich ähnlich aus, aber es gibt auf der Erde 12 000 Arten.

Hornmoose
Diese Pflanzen, die nach ihren hornförmigen Sporophyten benannt sind, lieben Feuchtigkeit und wachsen sogar im Wasser.

Bärlappe
Die Sporenblätter der Bärlappe entwickeln sich auf Sprossen, die ähnlich aussehen wie ein Laubmoos. Sie sind hellgrün gefärbt.

Schachtelhalme
Die Sprosse der Schachtelhalme sitzen in Wirteln am Stängel. In zapfenähnlichen Strukturen an der Spitze bilden sich die Sporen.

Urzeit-pflanzen

Als in der Urzeit die allerersten Tiere das Festland besiedelten, gab es bereits viele Pflanzen, aber die Vegetation sah damals anders aus als heute. Die ersten Dinosaurier haben in ihrem ganzen Leben keine einzige Blüte gesehen, und die Pflanzenfresser unter den Dinos weideten keine Gräser ab, sondern fraßen Moose und Schachtelhalme.

Tamarisken-Thujamoos

Die gefiederten Ästchen *erinnern an winzige Farnwedel.*

Die sternförmigen Pflänzchen *sind gelbgrün bis bräunlich gefärbt.*

Dach-Drehzahnmoos

Die Sporophylle *ragen auf, sodass die Sporen weiter verfrachtet werden.*

Sumpfbärlapp

Schwanenhals-Sternmoos

Moose *nehmen Wasser und Nährstoffe aus Regen und Staub auf.*

Das kleine Lebermoos *wächst auf feuchten Böden.*

Flaschenmoos

Die Ästchen *sind in Etagen angeordnet, daher der Name.*

Etagen-moos

Die ersten Landpflanzen entwickelten sich etwa zur gleichen Zeit wie die ersten Insekten. Die ältesten Lebermoose, Verwandte des **Brunnenlebermooses**, erschienen vor etwa 470 Mio. Jahren. Sie hatten weder Wurzeln noch Stängel oder Blüten, sondern lebten an feuchten Orten und nahmen über ihre Oberfläche Wasser auf. Später entwickelten sich Horn- und Laubmoose mit komplizierter gebauten Stämmchen und Blättchen, wie das heutige **Tamarisken-Thujamoos** und das **Etagenmoos**. Weil sie keine Leitgefäße haben, die Wasser und Nährstoffe transportieren, bleiben diese Pflanzen klein. Bärlappe und Schachtelhalme, wie **Sumpfbärlapp**, **Tannenbärlapp** und **Wiesen-Schachtelhalm**, besitzen Leitgefäße in den Trieben und werden höher.

Frauenhaarmoos

Dieses ungewöhnliche Moos *kann 40 cm hoch werden.*

Torfmoose *können sehr viel Wasser speichern.*

Torfmoos

HEILSAME MOOSE

Torfmoose nehmen Feuchtigkeit auf und sind sauer, deshalb verhindern sie das Wachstum von Bakterien und Pilzen. Im Ersten Weltkrieg (1914–1918) verwendete man sie manchmal als Wundauflage. Die Wunden der Soldaten infizierten sich nicht und heilten schneller.

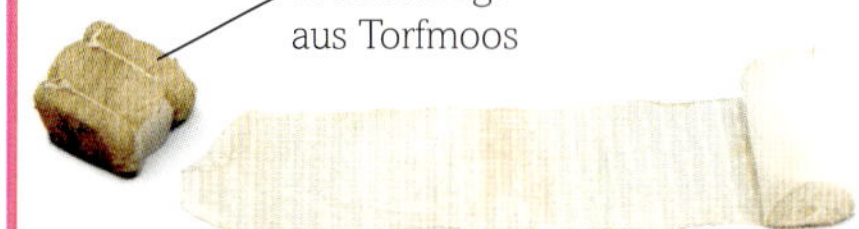

Wundauflage aus Torfmoos

Verband

Am Brunnenlebermoos erforscht man die **Evolution** der Pflanzen.

Brunnenlebermoos

Junge Pflanzen *entwickeln sich in den Brutbechern und werden von Regentropfen herausgeschleudert.*

Brutbecher

Die Sprosse *erinnern an kleine Nadelbäume.*

Tannenbärlapp

Wiesen-Schachtelhalm

In diesen zapfenähnlichen Gebilden *reifen die Sporen heran.*

Samt-Kurzbüchsenmoos

Jede Kapsel *bildet Tausende winziger Sporen.*

Wedel › Die Farnblätter oder Wedel sind meistens in Fiederblättchen (Fiedern) unterteilt, die die Blattoberfläche vergrößern, sodass das Blatt mehr Licht aufnehmen kann. In den Wedeln findet die Fotosynthese für die Bildung von Nährstoffen statt. Wedel tragen außerdem die Fortpflanzungsorgane.

Fiedern › Einzelblättchen, die an der Mittelrippe eines Farnwedels sitzen, nennt man Fiedern.

Eingerolltes Blatt › Junge Wedel sind dicht eingerollt. Sie entrollen sich, wenn sie wachsen.

Wurzeln › Die Wurzeln von Farnen ähneln denen von Blütenpflanzen. Sie nehmen Wasser und Nährstoffe auf und verankern die Pflanze im Boden.

Was ist ein Farn?

Farne sind blütenlose Pflanzen, die keine Samen bilden. Sie pflanzen sich mit winzigen Sporen fort, die vom Wind verweht werden. Die Blätter der Farne nennt man Wedel, sie entspringen an unterirdischen Sprossen, den Rhizomen. An den Unterseiten mancher Wedel bilden sich Sporen.

Sori › Sporen werden in Strukturen an der Unterseite der Wedel gebildet, die man Sori nennt. Je nach Farnart sind sie z. B. in Feldern oder Linien angeordnet.

Rachis › Den oberen Teil des Stiels nennt man Rachis oder Spindel. Sie ist das Rückgrat des Wedels.

Stiel › Der steife Stiel des Wedels ist oft mit schuppigen Haaren bedeckt, die ihn schützen.

Rhizom › Dieser Pflanzenteil befindet sich entweder an der Bodenoberfläche oder unmittelbar darunter. Bei manchen Farnen entwickelt er sich zu einem hohen, verholzten Stamm. Die Wedel entspringen am Rhizom.

Versteinerte Farnwedel

Die ersten Farne entwickelten sich vor fast 360 Mio. Jahren in Sümpfen. Einige Baumfarne hatten bis zu 3 m lange Wedel. Unten ist ein versteinerter Farn zu sehen, der heute ausgestorben ist. Er ähnelt heutigen Farnen wie dem Wurmfarn.

Die Fiedern erinnern an die Zinken eines Kamms. Pecopteris *ist griechisch und bedeutet „Kamm".*

Versteinerter *Pecopteris*-Farn

Farnwedel

Diese ungeteilten Wedel *sind zungenförmig, daher der Name des Farns.*

Wurmfarn

Dieser Farn *ist in vielen Teilen Europas, Asiens und Nordamerikas heimisch.*

Hirschzungenfarn

Die eingerollten jungen Wedel *erinnern an einen Bischofsstab.*

Die büscheligen Wedel *entspringen einem Rhizom.*

Borstiger Schildfarn

Mond-Sichelfarn

Die braunen Sporenbehälter *an der Unterseite der Wedel nennt man Sori.*

Australischer Taschenfarn

Baumförmiger Wuchs

Farne gehören zu den ursprünglichsten Landpflanzen. Weil die meisten auf schattigem Waldboden wachsen, bilden sie große Wedel aus, die so viel Sonnenlicht wie möglich aufnehmen. Viele Farne haben eine typische Blattform, ihre Fiedern sind oft mehrfach geteilt. Farne entwickeln keine Blüten. Stattdessen bilden sich an der Unterseite der Blätter winzige Sporen, die der Wind fortträgt. Aus ihnen entwickeln sich neue Farnpflanzen.

Frauenhaarfarn

Mehrere fächerförmige Fiedern *bilden den Wedel.*

Herzfarn

Die glänzenden Blätter *sind herz- oder pfeilförmig.*

Ameisenfarn

Die Sporenbehälter *sind an den Rändern der Wedel angeordnet.*

Regenbogenfarn

Die Blätter *dieser Farnart sind im Frühling silbrig und im Sommer grün.*

Fossilien zeigen: Es gab Farne bereits vor **360 Mio.** Jahren.

Straußfarn

Die entrollten Wedel *können 170 cm lang werden.*

Karottenfarn

Die Wedel *dieses asiatischen Farns ähneln den Blättern von Möhren.*

Adlerfarn am Waldboden

Der Adlerfarn *wächst in lichten Wäldern und auf Weideland.*

Adlerfarn

Am langen Stiel *entrollen sich die Fiedern.*

Es gibt etwa 10 500 Farnarten. Einige haben einfache, ungeteilte Wedel, wie der **Hirschzungenfarn**. Die meisten sind grün, aber bei manchen Arten sind sie ungewöhnlich gefärbt. Die violett geäderten, silbrigen Blätter des **Regenbogenfarns** sind ein Beispiel. Bei vielen Arten sind die Sporen bildenden Bereiche an der Unterseite der Wedel, die man Sori nennt, zu einem typischen Muster angeordnet, wie man beim **Mond-Sichelfarn** gut erkennen kann. Die winzigen Sporen werden vor allem vom Wind verteilt. Beim **Ameisenfarn** verbreiten Ameisen, die in den hohlen Stängeln leben, die Sporen.

DINO-NAHRUNG

Bis vor ungefähr 140 Mio. Jahren gab es auf der Erde noch keine Blütenpflanzen. Einige der riesigen pflanzenfressenden Dinosaurier ernährten sich von den zähen, faserigen Nadeln und Blättern der Bäume, die zu dieser Zeit wuchsen. Andere Dinosaurier auf Futtersuche pflückten am Waldboden die Wedel niedriger, nährstoffreicher Farne und Schachtelhalme ab.

Damals war das Klima fast überall warm und feucht und es gab keine Eisschilde in den Polargebieten. Deshalb bedeckten dichte Wälder mit Nadelbäumen, Ginkgos, Bärlappbäumen, Palm- und Baumfarnen weite Teile des Festlands. Dinosaurier wie *Diplodocus*, der dort lebte, wo heute Nordamerika ist, hatten lange Hälse, mit denen sie hoch in den Baumkronen Pflanzenteile abweideten. Sie konnten sich sogar auf ihren Hinterbeinen aufrichten. Ähnlich wie es Elefanten tun, warfen sie sicherlich auch viele Bäume um. So entstanden offene Flächen, auf denen kleinere Pflanzen wie Farne wachsen konnten. *Diplodocus* fraß auch diese. Er zog die Stiele durch seine stiftförmigen Zähne, um die grünen Fiedern abzustreifen.

Was ist ein Zapfen?

Ein Nadelbaum trägt keine Blüten, die sich zu Früchten entwickeln, sondern Zapfen. Ein Zapfen enthält männliche oder weibliche Zellen. Die Samen entwickeln sich nach der Befruchtung zwischen den Schuppen des weiblichen Zapfens. Diese Schuppen schützen die Samen, bis sie reif sind. Dann öffnen sie sich, um die Samen zu entlassen.

Geschlossener Zapfen ❯ In weiblichen Zapfen befinden sich Samenanlagen (weibliche Zellen), die sich nach der Befruchtung zu Samen entwickeln. Die winzigen Pollenkörner werden vom Wind herbeigetragen. Sie gelangen bis zur Samenanlage und befruchten sie.

Geschlossener Zapfen der Schwarzkiefer

Männliche und weibliche Zapfen

Die meisten Nadelbaumarten entwickeln männliche und weibliche Zapfen. Die männlichen bilden Pollen. Die weiblichen enthalten Samenanlagen, die sich nach der Befruchtung zu Samen entwickeln. Der Pollen wird vom Wind herbeigetragen.

Andere Bäume, die Zapfen tragen

Palmfarn Diese Pflanzen sind weder Palmen noch Farne. Sie werden bis zu 1000 Jahre alt und tragen Zapfen, die denen eines Nadelbaums ähneln.

Welwitschia Diese sehr ungewöhnliche Pflanze kommt nur in der afrikanischen Namib-Wüste vor. Auch sie bildet ähnliche Zapfen wie die Nadelbäume.

Ginkgo Die Bäume sind entweder weiblich oder männlich. Männliche Pflanzen tragen zapfenähnliche Kätzchen. Weibliche bilden Samen, die den Früchten von Blütenpflanzen ähneln.

Offener Zapfen ❯ Wenn die Samen im Zapfen reif sind, öffnen sie sich bei trockenem Wetter oder fallen vom Baum. Der Wind verweht die geflügelten Samen.

Geöffneter Zapfen der Schwarzkiefer

Schnitt durch einen weiblichen Zapfen

Die verholzten Schuppen öffnen sich, damit die Samenanlagen befruchtet werden können. Dann schließen sie sich und schützen die Samen, während sie sich entwickeln.

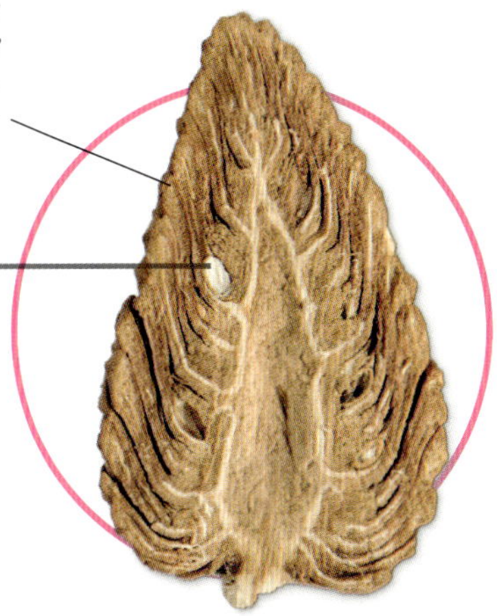

Samen ❯ Es kann 2 Jahre dauern, bis die Samen von Nadelbäumen reifen. Sie haben dünne Flügel und werden vom Wind forttransportiert.

Geflügelter Samen

Nadelbäume

Langlebige Kiefer

Mehr als 5000 Jahre alt können **Langlebige Kiefern** werden.

__Die Nadeln__ können 45 Jahre lang grün bleiben.

Nadeln in Gruppen

__Zedernnadeln__ enthalten Öle, die Parfüms beigemischt werden.

Atlaszeder

__Die kleinste Kiefernart__ wird meistens nur 3 m hoch.

Zwergkiefer

__Diese asiatische Zeder__ hat typische herabhängende Äste.

Himalayazeder

__Der Name dieses Baums__ leitet sich davon ab, dass seine Zweige in Mexiko als Weihnachtsschmuck verwendet werden.

Heilige Tanne

Zur Familie der Kieferngewächse gehören mehr als 200 Nadelbaumarten, darunter Kiefern, Fichten, Tannen, Lärchen und Zedern. Obwohl sie recht ähnlich aussehen, kann man sie an der typischen Anordnung der nadelförmigen Blätter unterscheiden.

Die Nadeln von Kiefern, wie der **Langlebigen Kiefer** und der **Zuckerkiefer**, sitzen in Gruppen an den Zweigen. Zwei bis fünf Nadeln öffnen sich aus einer Knospe. Zedernnadeln wie die der **Libanonzeder** wachsen ebenfalls in Gruppen, oft jedoch mit 15–45 Nadeln, und sind oft kürzer

***Junge Weißtannen** schmückt man in Europa oft als Weihnachtsbäume.*

Weißtanne

***Dieser langsamwüchsige**, robuste Baum wird 150 bis 600 Jahre alt.*

Spitze Nadeln

Stechfichte

***Die kurzen Nadeln** färben sich im Herbst goldgelb und fallen dann ab.*

Ostamerikanische Lärche

***Die Nadeln** werden bis 11 cm lang und stehen in Gruppen zu fünft an den Zweigen.*

Zuckerkiefer

***Der ausladende Baum** kann 40 m hoch werden. Er ist auf der Flagge des Libanon abgebildet.*

Libanonzeder

Büschelige Nadeln

***Diese Fichte** wächst schnell und kann über 95 m hoch werden.*

Sitkafichte

als Kiefernnadeln. Tannen wie die **Weißtanne** haben relativ lange Nadeln, die einzeln am Zweig sitzen. Fichten wie die **Stechfichte** und die **Sitkafichte** haben kantige Nadeln. Lärchen sind ungewöhnliche Nadelbäume, denn sie werfen ihre Nadeln im Herbst ab wie sommergrüne Laubbäume. Die blaugrünen Nadeln der **Ostamerikanischen Lärche** wechseln ihre Farbe, bevor sie abfallen. In Kanada und Nordamerika, wo sie vorkommt, färben sich die bewaldeten Berge goldgelb.

Vielfalt der Zapfen

Chilenische Araukarie (männlich)

Männliche Zapfen *werden bis 15 cm lang.*

Die dicht geschlossenen Zapfen *hängen an den Zweigen.*

Langlebige Kiefer

Die riesigen Zapfen *können bis zu 5 kg schwer werden.*

Coulters Kiefer

Die roten weiblichen Zapfen *können 50 cm lang sein.*

Palmfarn

Weibliche Zapfen *bilden etwa 18 Monate nach der Befruchtung Samen.*

Wollemie (weiblich)

Bevor sie die Samen entlassen*, färben sich Lärchenzapfen braun.*

Europäische Lärche

In jedem der gelben Zapfen *entwickelt sich nur ein Samen.*

Afrogelbholz

Es dauert oft 1 Jahr*, bis die männlichen Zapfen den Pollen entlassen.*

Lederartig und dick *sind die Blätter dieses neuseeländischen Baums.*

Kauribaum (männlich)

Die rundlichen grünen Zapfen *färben sich später violett.*

Heide-Wacholder

Nadelbäume tragen getrennte weibliche und männliche Zapfen, oft sogar an verschiedenen Bäumen. In männlichen Zapfen reift der Pollen, während die weiblichen Zapfen nach der Befruchtung Samen bilden. Zapfen gibt es in vielen unterschiedlichen Formen, Größen und Farben. Alle werden vom Wind bestäubt.

Nadelbäume verbreiten ihre Samen auf unterschiedliche Weise. Einige, wie das **Afrogelbholz** und der **Wacholder**, bilden beerenähnliche Zapfen. Vögel fressen sie und verbreiten die Samen mit ihrem Kot. Andere brauchen bestimmte Bedingungen zur Samenverbreitung.

Zuckerkiefer (nass)

Die Schuppen öffnen sich bei Trockenheit, um die geflügelten Samen zu entlassen.

Zuckerkiefer (trocken)

RIESIGE ZAPFEN

Kein Kieferngewächs bildet größere Zapfen als die Zuckerkiefer. Sie sind mehr als 4-mal so lang wie eine Hand.

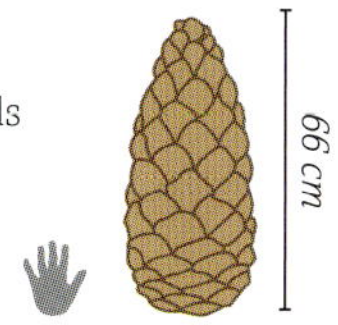

Burrawang-Palmfarn

Die grünen Zapfen bilden orangefarbene Samen.

Rotfichte (weiblich)

Die roten weiblichen Zapfen *dieser Fichte sind mit 15 cm Länge die größten Fichtenzapfen.*

Koreatanne

Blaue weibliche Zapfen *stehen aufrecht auf den oberen Zweigen.*

Stachelige Zapfen sollten vielleicht gefräßige **Dinosaurier** abschrecken.

Pechkiefer (männlich)

In diesen 2 cm *langen Zapfen bildet sich der Pollen.*

Atlaszeder (männlich)

Der weichschuppige Zapfen *wird bis zu 8 cm lang.*

Die weiblichen Zapfen des **Kauribaums** brechen auseinander und entlassen die Samen. Bei der **Langlebigen Kiefer** öffnen sie sich erst, nachdem sie der Hitze eines Waldbrands ausgesetzt waren. **Zuckerkiefer-Zapfen** öffnen sich nur, wenn es trocken ist, sodass die Samen weit verweht werden.

BLÜTEN-PFLANZEN

Aufbau der Blüte

Viele Blütenpflanzen sind auf Tiere wie Bienen oder Kolibris angewiesen, die ihre Blüten bestäuben. Um diese Tiere anzulocken, sind die meisten Blüten bunt gefärbt, verströmen einen Duft und bilden zuckerhaltigen Nektar. Wenn ein Tier die Blüte besucht, um Nektar zu trinken, wird es mit Pollen beladen. Den transportiert es dann zur nächsten Blüte, die mit dem Pollen bestäubt wird.

Befruchtung

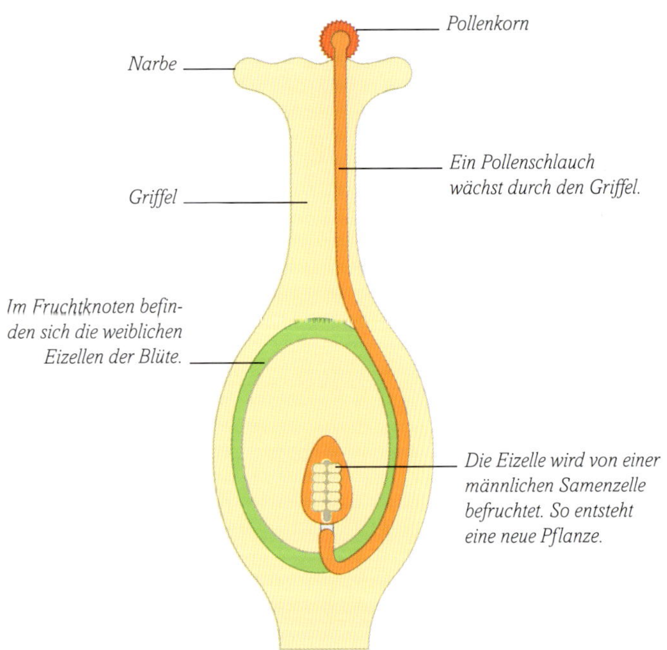

Wenn ein Pollenkorn auf der Narbe einer Blüte landet, wächst ein kleiner Schlauch durch den Griffel, der männliche Samenzellen zur Eizelle befördert. Hier verschmilzt die weibliche Eizelle mit einer Samenzelle. Das nennt man Befruchtung. Später bilden sich Samen.

Narbe ❯ Dies ist die Spitze des weiblichen Teils der Blüte. Sie kann klebrig oder behaart sein, sodass Pollen haften bleibt.

Pollen ❯ Die winzigen Pollenkörner, die sich im Staubbeutel entwickelt haben, enthalten die männlichen Zellen der Pflanze.

Staubblatt ❯ Ein Staubblatt besteht aus einem Staubfaden und einem Staubbeutel an der Spitze.

Blütenblätter ❯ Bunte Blütenblätter und oft ein Duft locken Bestäuber zur Blüte. Sie können verschiedene Formen haben und viele sind für ein Insekt auffälliger gefärbt als für unsere Augen.

Bestäubung und Befruchtung

Die Tiger-Lilie hat bunte Blütenblätter mit Nektardrüsen. Wenn Bienen daraus trinken, bleibt Pollen an ihrem Körper haften. Dieser enthält die männlichen Zellen. Wenn die Biene eine andere Tiger-Lilie besucht, gelangt der Pollen auf deren Narbe. Er befruchtet die weiblichen Eizellen.

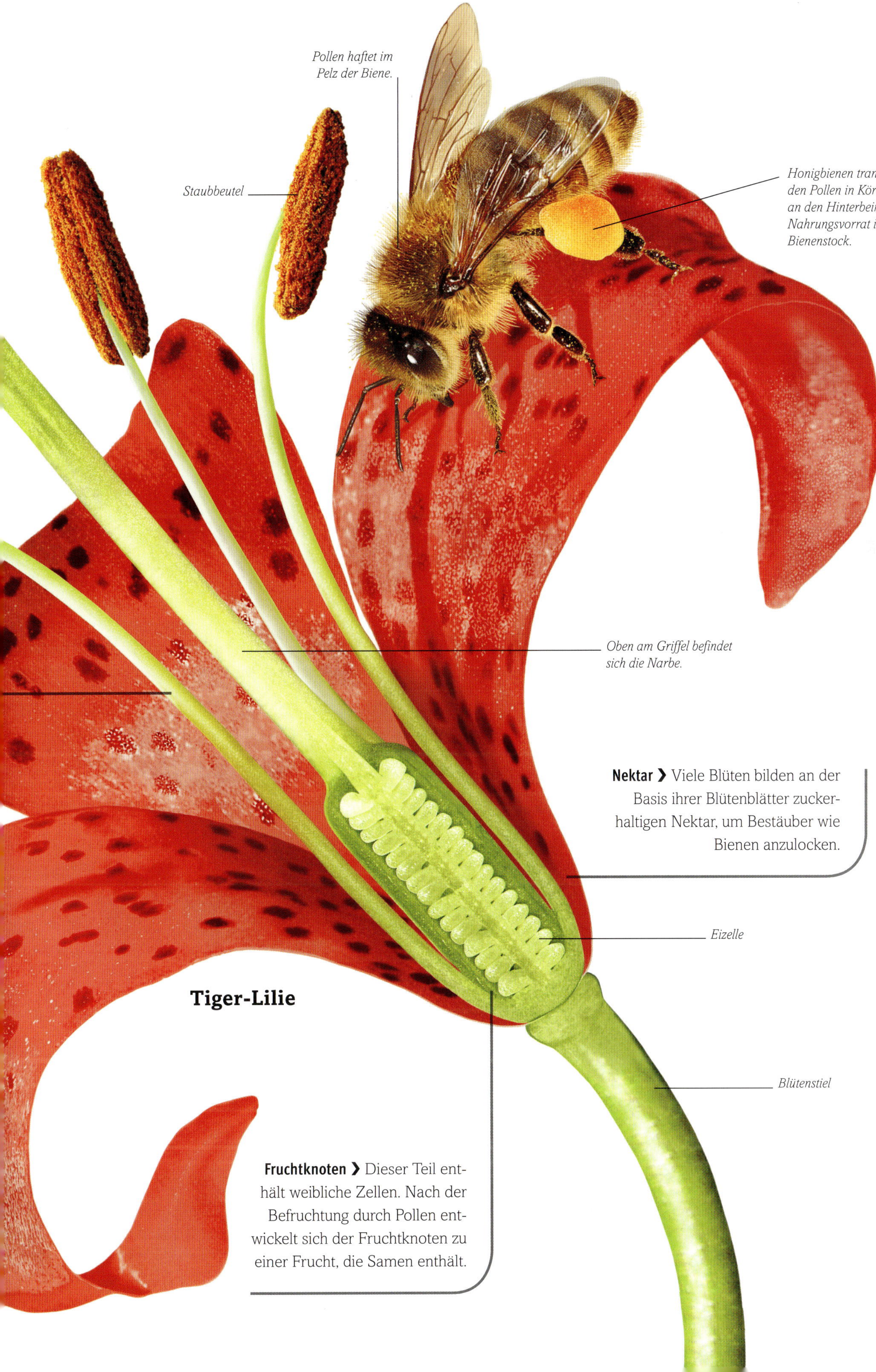

Nektar ❯ Viele Blüten bilden an der Basis ihrer Blütenblätter zuckerhaltigen Nektar, um Bestäuber wie Bienen anzulocken.

Fruchtknoten ❯ Dieser Teil enthält weibliche Zellen. Nach der Befruchtung durch Pollen entwickelt sich der Fruchtknoten zu einer Frucht, die Samen enthält.

Blütenformen

Puderquastenstrauch

Rundlich

Mit ihren roten Staubblättern *sieht die Blüte wie eine Quaste aus.*

Frangipani

Rosenförmig

Mit den Blüten *der süß duftenden Frangipani fertigt man auf Hawaii Blumenketten an.*

Paradiesvogelblume

Die violette und orangefarbene Blüte *lockt Nektarvögel an, die sich auf den dicken grünen Blütenteil setzen.*

Unregelmäßig

Das grüne, schnabelförmige Hochblatt *schützt die Blüten.*

Roter Fingerhut

Die obersten Knospen *öffnen sich zuletzt.*

Saftmale in den Blüten des **Fingerhuts** leiten Bienen zum **Nektar**.

Glockenförmig

Schlüsselblume

Im Frühjahr *öffnen sich die gelben Blüten überall in Europa.*

Zur Röhre verwachsen

Wachsblume

Die dicken Kronblätter *überstehen Tropenstürme.*

Sternförmig

Blüten gibt es in vielen verschiedenen Größen und Farben. Botaniker untersuchen die Form der Blüten, um besser zu verstehen, wie sie von Bienen, Fledermäusen, Vögeln oder dem Wind bestäubt werden.

Einige Pflanzen, wie **Schlüsselblumen**, der **Frangipani-Baum** und **Klatschmohn**, haben einfache, offene Blüten, auf denen Insekten gut landen können. Andere bilden dichte Blütenstände, sodass Bestäuber viel Nektar und Pollen auf einmal vorfinden. Die büscheligen Staub-

blätter des **Puderquastenstrauchs** locken Bienen und Schmetterlinge an, während die **Königs-Proteen** und **Fackellilien** die Gesichter der Vögel bepudern, die ihren Nektar trinken. Die **Paradiesvogelblume** bietet Vögeln ebenfalls Nektar an und heftet Pollen an ihre Füße, wenn sie sich auf der Blüte niederlassen. Andere Pflanzen besitzen bunte Hochblätter. Sie locken viele Bestäuber an. Die auffälligen pinkfarbenen Hochblätter der **Blauen Tillandsie** locken Kolibris an, während die weißen Blätter der **Zimmerkalla** Insekten magisch anziehen.

Bestäuber

Dieser tagaktive Nachtfalter *trinkt mit seinem Saugrüssel, der etwa so lang ist wie sein restlicher Körper, den Nektar vieler unterschiedlicher Blüten.*

Wenn der Kolibri *den langen Schnabel in die Blüte steckt, wird sein Kopf mit Pollen bepudert.*

Mit seinen kleinen Flügeln *kann der Kolibri viele Male pro Sekunde schlagen und beim Trinken in der Luft an einer Stelle bleiben.*

Der strahlende Farbton *dieser Roten Passionsblume lockt den Kolibri an.*

Die Blüten *des Leinkrauts sind normalerweise geschlossen.*

Das kleine Beuteltier *klettert geschickt auf den Blütenständen herum.*

Blüten, die von Käfern *bestäubt werden, bilden viel Pollen.*

Wenn die Hummel die Blüte öffnet *und hineinkriecht, um Nektar zu trinken, bleibt Pollen in ihrem Pelz hängen.*

Dieser Eukalyptusbaum blüht im Winter, *wenn kaum Insekten unterwegs sind. Er wird von Säugetieren bestäubt.*

Insekten sind die häufigsten Blütenbesucher, aber auch Vögel und Fledermäuse sind wichtige Bestäuber. Im Gegenzug bieten Pflanzen süßen Nektar an. Die verschiedenen Formen, Farben und Gerüche der Blüten locken bestimmte Tiere an.

Bienen und **Schmetterlinge** besuchen bunte, duftende Blüten, die in dichten Blütenständen stehen oder große Blütenblätter haben, auf denen sie sitzen können. **Nachtfalter** bevorzugen weiße oder helle Blüten, die sich nachts öffnen und einen süßen Duft verströmen.

Schmetterlinge

Die Blütenstände des Sommerflieders *sind bei Faltern so beliebt, dass man ihn auch Schmetterlingsflieder nennt.*

Die beweglichen Narben *nehmen Pollen vom Kopf des Loris auf.*

Mit seinen kräftigen Zehen hält sich der Papagei am Zweig fest, während er Nektar trinkt.

Allfarblori

Blütenfledermaus

Mit ihrer beweglichen Zunge *erreicht die Fledermaus den Nektar.*

Die röhrenförmigen Blüten *des Saguaro-Kaktus bedecken die Nase der Fledermaus mit Pollen, wenn sie Nektar trinkt.*

SAFTMALE

Anders als wir Menschen können Bienen UV-Licht sehen. Viele Blüten, wie die der Sumpfdotterblume hier, sehen für uns einfarbig aus, aber im UV-Licht erkennt man dunkle Muster, die Insekten zum Nektar und Pollen leiten.

Unter normalem Licht

Unter UV-Licht

Mehr als 500 Arten werden von **Fledermäusen** bestäubt.

Käfer bestäuben ebenfalls helle Blüten, aber sie wählen meist solche mit fruchtigem Geruch aus. Die Blüte ahmt den Duft einer reifen Frucht nach, um die Käfer auszutricksen. **Vögel** werden von großen, hellen Blüten angelockt, die sich tagsüber öffnen. **Kolibris** bevorzugen rote Blüten. Diese duften meistens nicht, weil viele Vögel einen schlechten Geruchssinn haben. Die Kronblätter von Vogelblüten sind meistens zurückgebogen, damit die Tiere den Nektar gut erreichen können. **Fledermäuse** bestäuben große helle Blüten, die sich nachts öffnen.

Ähnlichkeiten

Tränendes Herz

Die dunkelrosa ***Kronblätter*** *bilden hübsche Herzen.*

Fichtenspargel

Die Schmarotzerpflanze *erinnert an ein kleines Gespenst, deshalb heißt sie in England „Ghost Plant“.*

Papageienbalsam

Diese Blüten *sehen wie fliegende Papageien aus.*

Nach der Blüte *bilden sich Samenkapseln, die an Totenschädel erinnern.*

Löwenmaul

„Darth-Vader“-Pflanze

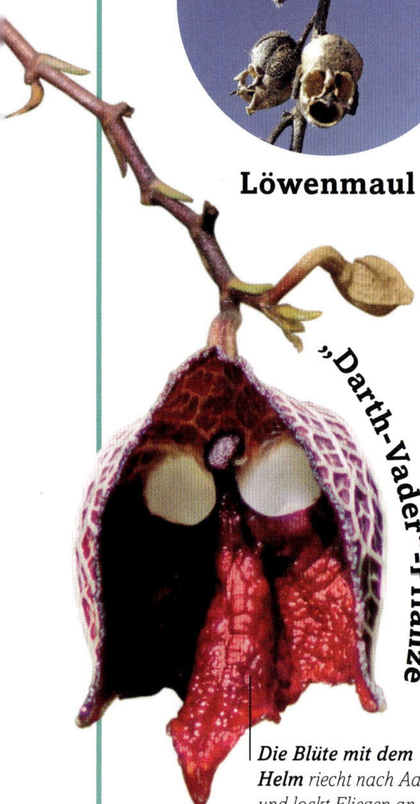

Die Blüte mit dem Helm *riecht nach Aas und lockt Fliegen an.*

Italienisches Knabenkraut

Die violetten Blüten *ähneln kleinen Menschen mit langen Armen und Beinen.*

An ein Fledermausgesicht *mit großen roten Ohren erinnert diese Blüte.*

Köcherblümchen

Manche Blüten erinnern an Vögel oder andere Tiere, einige an bestimmte Dinge. Die meisten Ähnlichkeiten sind wohl zufällig. Manche Blütenformen haben sich allerdings entwickelt, um bestimmte Bestäuber anzulocken.

Viele der hier abgebildeten bunten Blüten sind Orchideenblüten. Dieser riesigen Pflanzenfamilie gehören Tausende Arten an. Dazu gehören das **Italienische Knabenkraut**, die **„Tanzende Dame“** und die **Weiße Vogelblume**. Die Blüte der **Bienen-Ragwurz** sieht wie eine weibliche

Diese Ragwurz **überlistet** Bienenmännchen, weil sie **riecht** wie ein Weibchen.

***Ein Pollenpaket** bleibt am Kopf der Biene kleben und wird zur nächsten Blüte transportiert.*

Bienen-Ragwurz

***Die rosa Blütenblätter** erinnern an Flügel und die Blüte hat sogar einen pelzigen „Bienenkörper“.*

***Die zarten weißen Blütenblätter** ähneln den ausgebreiteten Flügeln eines Reihers.*

Weiße Vogelblume

***Diese roten Hochblätter** locken Kolibris an, die die Blüten im Inneren bestäuben.*

Heiße-Lippen-Pflanze

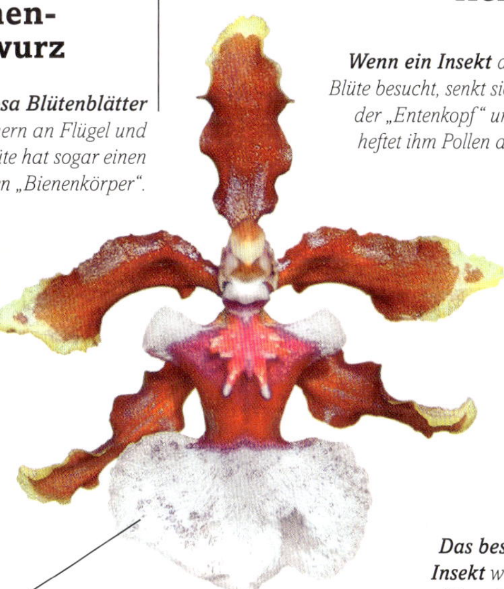

***Wie eine Tänzerin** im bunten Kostüm sieht diese Blüte aus, die nach Schokolade duftet.*

„Tanzende Dame“

***Wenn ein Insekt** die Blüte besucht, senkt sich der „Entenkopf“ und heftet ihm Pollen an.*

Große Enten-orchidee

***Das bestäubende Insekt** wird von der Lippe festgehalten.*

Biene aus und lockt deshalb männliche Bienen an. Dann heftet sie Pollenpakete an deren Körper. Die **Große Entenorchidee** sieht für ein Pflanzenwespen-Männchen eher wie ein verlockendes Pflanzenwespen-Weibchen aus als wie eine Ente. Auffällige Pflanzen sind bei Liebhabern begehrt, aber viele seltene Arten sind deshalb bedroht. Aus diesem Grund hat die Regierung von Thailand den Export des seltenen **Papageienbalsams** und dessen Samen verboten, um die Pflanze in der Natur zu schützen.

BLÜTEN IM FLUSS

Wenn man aus der Vogelperspektive auf den Park Inokashira in Tokio (Japan) blickt, sieht man, dass das Wasser von den Blättern der Kirschblüten an den Ufern rosa gefärbt ist. Viele Gruppen sitzen im Park unter den Bäumen. Sie bewundern die Schönheit der Kirschblüten, essen, trinken und hören Musik. Später werden Laternen angezündet. Das Kirschblütenfest dauert bis spät in die Nacht.

Zu Jahresbeginn beobachtet das japanische Wetteramt die Temperaturen und die Niederschläge genau, um vorhersagen zu können, wann die Kirschblüten sich öffnen. Man nennt sie *sakura*. Die Blüten öffnen sich im wärmeren Süden Japans zuerst und im Lauf des Frühjahrs immer weiter im Norden der japanischen Inseln. Die Vorhersage ist wichtig, denn Tausende Menschen feiern das Kirschblütenfest. Diese alte japanische Tradition namens *hanami* geht zurück bis ins 8. Jahrhundert. Die Bäume tragen ihre Blüten nur 1 oder 2 Wochen lang. In der Kultur Japans sind die kurzlebigen Blüten ein Symbol für die Vergänglichkeit und Zerbrechlichkeit des menschlichen Lebens.

Rosengarten

In Baden-Baden in Südwestdeutschland befindet sich dieser wunderschöne Garten.

Rosengarten

Die roten Früchte locken Vögel an. Sie fressen sie und verbreiten die Samen mit ihrem Kot.

Hagebutten

Wenn die Blüte befruchtet wurde und die Kronblätter abfallen, entwickeln sich die Hagebutten.

Banks Rose

Diese kletternde Rose stammt aus China.

'Munstead Wood'

In der Sonne duftet diese dunkelrote Rose noch stärker.

China-Rose

Diese Sorte wurde aus Wildrosen mit fünf Kronblättern gezüchtet.

'Landora'

Die goldgelben Blütenblätter duften zart.

Diese mittelgroße bis große Sorte hat lange gerade Stängel.

EINE ROSE IM ALL

1998 schickten Wissenschaftler die Miniaturrose 'Overnight Scentsation' an Bord der Raumfähre *Discovery* ins Weltall. Man wollte erforschen, wie sich die geringe Schwerkraft auf die Bildung der Öle in den Blütenblättern auswirkt. Nach 10 Tagen verströmte die Rose einen völlig neuartigen Duft, der von keiner Rosensorte auf der Erde bekannt ist.

Rosen waren die ersten Pflanzen, die man nur ihrer Schönheit wegen anpflanzte. Sie schmücken seit 5000 Jahren unsere Gärten. Die Rosenblüte ist auf der ganzen Erde ein Symbol für Liebe und Reinheit. Auf Wappen von Ländern und Königshäusern ist sie oft abgebildet.

Fast alle Wildrosen besitzen fünf Kronblätter. Im Lauf der Jahrhunderte haben Gärtner mehrere Wildrosenarten (v. a. eine chinesische Wildrose) so gezüchtet, dass die Blüten drei oder mehr Kronblattkreise haben. Man nennt sie halbgefüllte Blüten, wie bei **Banks Rose** und der Sorte **'Schneewittchen'**.

Gewinnung von Rosenöl

Am Tag der Ernte *wird hier in Bulgarien das Öl aus den Rosenblättern destilliert.*

***Es kostete etwa 3 Mio. Dollar**, diese gefüllte Sorte zu züchten.*

'Juliet'

***Diese hellrosa Rose** ist für ihren Duft berühmt.*

Moschusrose

'Rosa Mundi'

***Die Sorte mit gestreiften Blütenblättern** wurde vor mehr als 400 Jahren gezüchtet.*

Aus Stacheln von **Rosen** kann man **Angelhaken** anfertigen.

***Aus dunkelrosa Knospen** öffnen sich die Blüten.*

Hundsrose

***Die grünen Kelchblätter** schützen die Knospe.*

***Die Sorte** 'Schneewittchen' war 1983 die beliebteste Rose der Welt.*

'Schneewittchen'

'Crimson Glory'

***Die tiefroten Blüten** haben 26–40 Blütenblätter und duften stark.*

Einige moderne Sorten, wie **'Juliet'** und **'Crimson Glory'**, besitzen mehr als 25 Blütenblätter, man spricht von gefüllten Blüten. Man hat weiße, gelbe, orangefarbene, rosa und rote Rosen gezüchtet, aber nie eine wirklich blaue. Rosenblätter enthalten Öle, die wunderbar duften. Sie werden Parfüms und vielen anderen Kosmetikprodukten beigemischt. Rosenwasser ist eine Zutat von Süßigkeiten wie Lokum und Marzipan. Einige Rosen, wie die **Hundsrose**, tragen im Herbst glänzende Früchte, die **Hagebutten**. Sie sind reich an Vitamin C und können in Tees, Marmeladen und Arzneien enthalten sein.

Blüten im Körbchen

Mit fast 25 000 Arten sind die Korbblütler eine der größten Pflanzenfamilien. Aber die hübschen Blumen tricksen! Was wie eine einzige Blüte aussieht, sind in Wirklichkeit viele, manchmal Tausende kleiner Röhrenblüten in der Mitte, die aus einem Ring von Zungenblüten umgeben sind. Diese wirken wie Blütenblätter.

Purpursonnenhut

Pinkfarbene Zungenblüten *umgeben die kegelförmig angeordneten nektarreichen Röhrenblüten.*

Gazanie

Die Zungenblüten *dieses Korbblütlers sind längs gestreift.*

Stifftia

Die orangefarbene Kugel *besteht aus Blüten und farbigen Borsten.*

Diese vom Aussterben bedrohte *hawaiianische Art hat röhrenförmige Blüten.*

Maui-Aster

Kokardenblume

Wegen der roten Zungenblüten *mit gelben Spitzen nennt man die Pflanze auch „Feuerrad".*

Kugeldistel

Der runde Blütenstand *besteht aus kleinen violetten bis metallisch blauen Blüten.*

Manche bezeichnen die **Kugeldistel** auch als **Igelkopf**.

Nepal-Steppendistel

Der Blütenstand *sieht aus wie eine einzige Blüte.*

Korbblütler wie die **Gazanie**, die **Margerite** und die **Zichorie** haben große äußere Zungenblüten. Diese umgeben die Röhrenblüten in der Mitte. Jede Röhrenblüte besteht aus fünf verwachsenen Kronblättern. Die **Sonnenblume** hat einen großen Blütenkorb, sodass du die einzelnen Röhrenblüten erkennen kannst, wenn sie sich von außen nach innen öffnen. Jede bildet einen Samen, den wir Sonnenblumenkern nennen. Blütenkörbchen sind für Insekten sehr attraktiv. Oft bestäuben sie beim Besuch viele Blüten gleichzeitig. Die meisten Körbchen sind bunt gefärbt und locken Insekten an, aber die tropische **Mutisia** wird von Vögeln bestäubt. Andere tropische Arten, wie die **Stifftia** und die **Maui-Aster**, sind deswegen ungewöhnlich, weil sie auf Bäumen wachsen.

__Die größte bekannte Sonnenblume__ hatte 82 cm Durchmesser. Sie blühte im Jahr 1983.

Sonnenblume

Mutisia

__Vögel werden von__ den orangefarbenen Blüten angelockt.

__Die auffälligen Zungenblüten__ mit einem großen Blütenblatt stehen am Rand.

__Die gelben Röhrenblüten__ in der Mitte bilden Pollen und entwickeln sich zu Früchten.

Margerite

__Die blauen Blütenstände__ schmecken leicht bitter. Man kann sie unter Salate mischen.

Wegwarte

__In der Mitte__ verblassen die lila Blüten allmählich.

Zweifarbige Flockenblume

Fantastische Orchideen

Schmetterlingsorchidee

Wegen ihrer großen Blüten *sind diese Orchideen beliebte Zimmerpflanzen.*

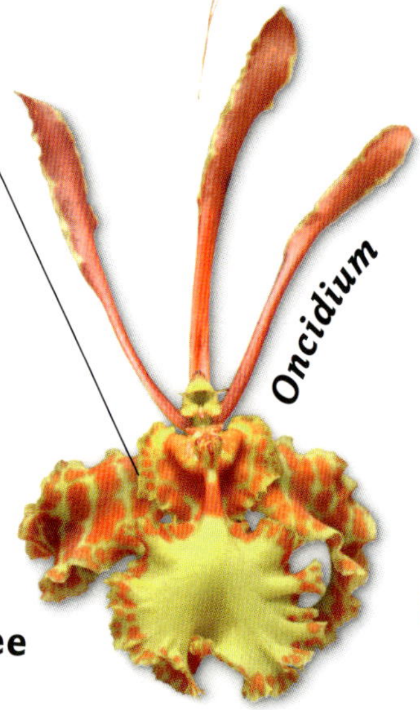

Oncidium

Die hübschen Blüten *können rot, weiß, gelb oder rosa sein.*

Zwiebelblatt-orchidee

Die langen Blütenblätter *riechen oft nach Aas, um Fliegen anzulocken.*

Epicattleya René Marques

Ein auffälliges Kronblatt *ist bei dieser Orchidee der Blickfang.*

Feuersternorchidee

Die Blüte ist sternförmig*, daher der Name dieser Orchidee.*

Zygopetalum

Bis zu 3 Monate *im Jahr sind die Blüten geöffnet.*

Diese Lippe *bietet Insekten eine Landeplattform.*

Orchideen locken ihre Bestäuber mit Tricks an. Einige ahmen männliche Insekten nach. Echte Insektenmännchen halten sie für Rivalen und greifen sie an. Dabei wird Pollen an ihren Körper geheftet. Manche betören Schmetterlinge und Bienen mit süßem Duft, andere sind mit üblem Aasgeruch für Fliegen attraktiv.

Orchideen findet man fast überall auf der Erde, aber in den Tropen kommen sie am häufigsten vor. Viele, wie ***Vanda*-Orchideen**, leben auf Regenwaldbäumen. In kühleren Regionen wachsen Orchideen meistens auf dem Boden. Die Blüten haben drei äußere und drei innere Blütenblätter, von denen eines eine Lippe formt. Diese

Stolz des Tafelbergs ***Cattleya purpurata***

Auf der Erde gibt es etwa **28 000 Arten** von Orchideen.

dient als Landeplatz für Bestäuber. Die Blüten von ***Oncidium*** und ***Zygopetalum*** haben besonders große Lippen, bei den Blüten von ***Phaius*** und ***Cattleya*** bilden die Lippen bunte Röhren. Orchideenpollen bildet klebrige Pakete, die Bestäubern angeheftet werden. Einige Arten können nur von einer einzigen Insektenart bestäubt werden. Bei der südafrikanischen *Disa*-Orchidee namens **Stolz des Tafelbergs** ist es ein bestimmter Edelfalter. Deshalb stirbt die Art aus, wenn ihr Bestäuber ausstirbt.

Zwiebelpflanzen

Ritterstern

Die großen Blüten öffnen sich, bevor die Blätter erscheinen.

Ritterstern-zwiebel

6–8 Wochen nach dem Einpflanzen *der Zwiebel blüht der Ritterstern.*

Amerikanischer Sauerklee

Aus den kleinen, *7–11 mm langen Zwiebeln können neue Pflanzen austreiben.*

Narzisse

Die Narzisse *mit ihren gelben Blüten wächst aus dieser Zwiebel.*

Nerine

Die lilienähnlichen Blüten *öffnen sich am blattlosen Schaft.*

Zwiebel einer Nerine

Im kühlen Herbst *treibt diese Zwiebel aus.*

An diesem **Lauch** können sich mehr als **500** Blüten öffnen.

UNTERIRDISCHE SPEICHER

Eine Zwiebel ist ein gestauchter Spross mit fleischigen, schuppenförmigen Blättern, die Nährstoffe und Wasser speichern.

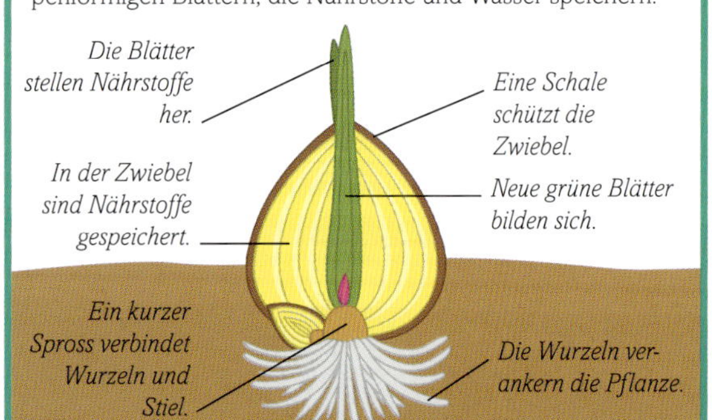

Zwiebel im Längsschnitt

Einige sehr beliebte Blütenpflanzen treiben aus Zwiebeln aus. Diese unterirdischen Nährstoffspeicher ruhen in der Erde, wenn es zu warm oder zu kalt ist. Dort sind sie vor gefräßigen Tieren geschützt. Sind die Bedingungen optimal, können sich schnell neue Triebe und Blätter bilden.

Die violetten Blüten öffnen sich an den bis zu 1 m hohen Schäften.

Giftige Zwiebeln *können die Haut reizen.*

Die Blütenstände *haben bis zu 20 cm im Durchmesser.*

Lang gestreckte Blätter *mit parallelen Adern sind typisch für Tulpen.*

Die Zwiebel *bildet Tochterzwiebeln, um sich zu vermehren.*

Lange Zugwurzeln *können die Zwiebel tiefer in den Boden ziehen.*

Im kühlen Herbst *wachsen die Wurzeln. Sie nehmen Wasser und Nährstoffe auf.*

Die lang gestreckte Lauchpflanze *ist an der Basis weiß.*

Lauch

Viele südafrikanische Pflanzen, wie **Ritterstern** und **Nerinen**, verbringen den heißen Sommer als Zwiebeln in der Erde und blühen im Herbst, wenn es kühler ist. Andere, wie **Narzissen**, **Tulpen** und **Hyazinthen**, blühen im Frühjahr, im Anschluss an den kalten Winter. Zu ihnen gehören viele beliebte Schnittblumen. Einige der Speicherorgane, wie **Knoblauchzehen** und **Küchenzwiebeln**, sind essbar. Andere bilden giftige Stoffe, um Tiere davon abzuhalten, sie auszugraben und zu fressen. Die Zwiebeln von Narzissen, Hyazinthen und Tulpen sind für viele Tiere giftig.

Was riecht hier so?

Bei Blütenpflanzen denken wir sofort an bunte Kronblätter und süße Düfte, die Bienen und Schmetterlinge anlocken. Einige Pflanzen riechen jedoch ganz abscheulich. Ihre stinkenden Blüten, Blätter und Wurzeln locken spezielle Bestäuber an, wie Fliegen und Käfer.

Chinesische Birne

Die weißen Blüten *riechen nach fauligem Fisch und locken Fliegen an.*

Blüten der **Aasblumen** erreichen Durchmesser bis **41 cm**.

Aasblume

Die behaarte Blüte *ähnelt einem toten Tier.*

Drachenwurz

Die Blüten *öffnen sich im Sommer und riechen nach verwesendem Fleisch, um Insekten anzulocken.*

Schopflilie

Der Blütenstand *erinnert an eine Ananas, aber er riecht scheußlich.*

Durianfrüchte *sind in Singapur in öffentlichen Verkehrsmitteln verboten.*

Kaiserkrone

Die bunten Blüten*, die Blätter und der Stängel riechen nach Stinktier.*

Hydnora africana

Die seltsame Blüte *hält Insekten so lange gefangen, bis sie mit Pollen bedeckt sind.*

Einige Blüten, wie die der **Chinesischen Birne** und der **Aasblume**, riechen nach verwesendem Fleisch, um Fliegen anzulocken. Die ***Hydnora africana*** verbringt einen großen Teil ihres Lebens unter der Erde. Dann erscheint eine nach Kot riechende Blüte, die von Mistkäfern bestäubt wird. Die **Kaiserkrone** riecht wie ein Stinktier und vertreibt gefräßige Eichhörnchen und Hirsche. Pflanzen wie das **Drachenmaul** und die **Titanenwurz** riechen nicht nur übel, ihre Blüten erwärmen sich sogar, sodass sich der Gestank möglichst weit verbreitet. Die Früchte des **Durianbaums** riechen so übel, dass sie in einigen Ländern im öffentlichen Raum verboten sind.

Ginkgo

Die stinkenden Früchte *weiblicher Bäume enthalten essbare Samen.*

Baldrian

Baldrianwurzeln *müffeln nach ungewaschenen Socken.*

Drachenmaul

Das Hochblatt *ist fleischfarben, die Blüte verströmt einen Aasgeruch.*

Titanenwurz

Der riesige Blütenstand *kann sich auf 32 °C erwärmen.*

Das rotbraune Hochblatt *der Pflanze erinnert an verwesendes Fleisch und verstärkt den Aasgeruch.*

Stinkende Iris

Die zarten Blätter *riechen beim Zerreiben zwischen den Fingern unangenehm.*

HOHER BLÜTENSTAND

Die Titanenwurz bildet den höchsten Blütenstand aller Pflanzen der Erde aus, aber sie blüht nur alle 2 bis 7 Jahre. Die Art kommt im Regenwald auf Sumatra (Indonesien) vor.

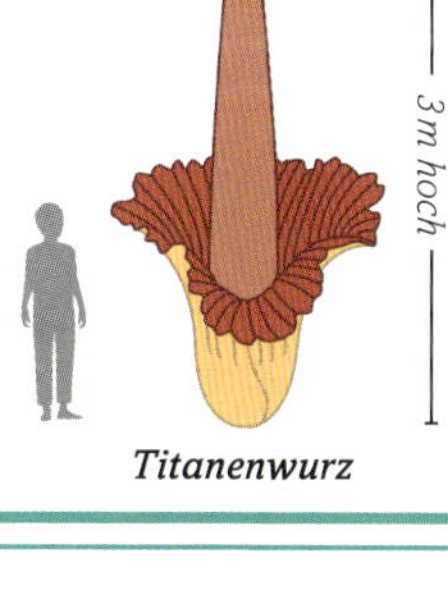

Titanenwurz

Im Wasser

In Bächen, Teichen, Flüssen und Meeren wimmelt es von Pflanzen. Sie wachsen oft sehr schnell, denn ihnen stehen jede Menge Wasser und Licht zur Verfügung. Einige Pflanzen treiben an der Oberfläche, andere leben vollständig untergetaucht. Viele senden ihre Blätter und Blüten von einem unter Wasser verankerten Wurzelstock nach oben.

DAS LEBEN UNTER WASSER

Alle Pflanzen brauchen Sauerstoff zum Leben. Einige Wasserpflanzen nehmen ihn aus dem Wasser auf. Andere, wie Seerosen, transportieren ihn in dünnen Gefäßen von der Wasseroberfläche zu den Wurzeln.

Wie Landpflanzen brauchen Wasserpflanzen Sonnenlicht zur Fotosynthese. Sie haben spezielle Überlebensstrategien. **Schwanenblumen** und **Seerosen** sind am Grund des Gewässers verankert, ihre langstieligen Blätter fangen das Licht auf. Die Blüten werden über der Wasseroberfläche bestäubt. Die Blätter der **Karolina-Haarnixe** und des **Hornblatts** sind fein geteilt, sodass sie im fließenden Wasser nicht zerreißen. In den Blättern von **Wasserhyazinthen** und **Wassersalat** ist Luft eingeschlossen, sodass sie schwimmen. Viele Wasserpflanzen bieten Tieren wie Fischen Lebensraum und Nahrung. Manche, wie die **Wasserpest** und das **Brasilianische Tausendblatt**, wachsen schnell und wuchern Seen und Bäche zu.

Die **ersten Pflanzen** der Erde wuchsen im **Wasser**.

Am Fluss entlang

Der Boden an den Ufern von Flüssen enthält viele Nährstoffe. Deshalb wachsen hier viele Pflanzen schnell und werden groß. Nur selten müssen sie Trockenheit ertragen. Wenn ein Fluss jedoch über die Ufer tritt, reißt das Wasser oft Pflanzen mit, die nicht fest verankert sind.

Sumpfeibisch

Jede der großen Blüten *hat etwa 15 cm Durchmesser.*

Die sonnengelben Blüten *locken im Frühling Bienen an.*

Sumpfdotterblume

Mammutblatt

An den Unterseiten *der riesigen Blätter sitzen Dornen, die gefräßige Tiere fernhalten.*

Rohrkolben

Unzählige kleine braune *weibliche Blüten sitzen im Kolben.*

RIESIGE BLÄTTER

Keine andere Blütenpflanze hat so gewaltige ungeteilte Blätter wie das Mammutblatt. Ihre Blüten jedoch sind klein und sitzen zu Tausenden an stacheligen Blütenständen.

Eine der größten Uferpflanzen, das **Mammutblatt**, wird 2,5 m hoch und nimmt bis zu 4 m im Durchmesser ein. Die **Weiße Scheinkalla** ist nicht viel niedriger und hat enorm große Blätter. Beide Pflanzen sterben im Winter ab, denn sonst würden sie bei Überschwemmungen wahrscheinlich entwurzelt. **Sumpfdotterblume**, **Blutweiderich**, **Hirschminze** und **Etagenprimel** ruhen im Winter, aber im Frühjahr oder Sommer wachsen sie schnell. **Rohrkolben**, **Flatterbinse** und **Schneebeere** haben andere Strategien. Kurze Überschwemmungen schaden ihren robusten Halmen, Blättern und Stängeln nicht, sodass sie jedes Jahr größer werden.

MANGROVENWALD

Ein Fischschwarm schwimmt durch das dichte Wurzelwerk eines Mangrovenbaums, der in der Karibik an der Küste des kleinen Landes Belize in Zentralamerika steht. Die meisten Mangrovenbäume wachsen an tropischen und subtropischen Küsten im Schlamm. Sie ertragen es, dass ihre Wurzeln bei jeder Flut vom salzhaltigen Meerwasser überspült werden.

Sträucher und mächtige Bäume, die an das Leben im Salzwasser angepasst sind, bilden die Mangrovenwälder. Die Pflanzen verfolgen verschiedene Überlebensstrategien. Manche nehmen Salzwasser über ihre Wurzeln auf und scheiden das Salz über ihre Blätter wieder aus. Bei Ebbe nehmen viele Mangrovenbäume Sauerstoff mit senkrecht aufragenden Atemwurzeln auf. Bei Flut schließen sich die Poren der Wurzeln. Die Mangroven sind sehr wichtige tropische und subtropische Lebensräume, die eine natürliche Barriere gegen Stürme bilden und die Erosion der Küste verhindern. Zwischen den dichten Wurzeln finden Fische und andere kleine Meerestiere Nahrung. Hier sind sie außerdem vor größeren Fressfeinden gut geschützt.

Was ist ein Kaktus?

Kakteen gibt es in vielen Formen und Größen, aber fast alle haben einen oder mehrere verdickte Sprosse, in denen Wasser gespeichert ist. Viele Arten wachsen in Gegenden, wo selten oder niemals Regen fällt. Wüstenkakteen sind auf faszinierende Weise an die extreme Hitze und Trockenheit angepasst. In Regenwäldern kommen nur sehr wenige Kakteenarten vor.

Sommerblüte ❯ Die Bischofsmütze trägt im Sommer blassgelbe Blüten. Wenn sie von Insekten bestäubt werden, entwickeln sie sich zu dornigen Früchten.

Viele verzweigte Wurzeln

Wasser wird im fassförmigen Spross gespeichert, der sich dann ausdehnt. Bei Trockenheit zieht er sich zusammen.

Im Inneren der Bischofsmütze

Wurzeln ❯ Die Wurzeln breiten sich weit aus und wachsen nahe der Oberfläche. Sie nehmen schnell möglichst viel Regenwasser oder Tau auf.

Dornen ❯ Die Dornen verhindern Fraß durch Tiere und beschatten den Spross. Sie sind umgebildete Blätter mit einer kleinen Oberfläche, über die kaum Wasser verdunstet.

In den Furchen fließen Tautropfen zu den Wurzeln.

Bischofsmütze

Schuppen ❯ In der Wüste brennt die Sonne vom Himmel. Weiße Schuppen reflektieren die Strahlen.

Wuchsformen

Säulenförmig
Manche Kakteen, wie der Saguaro, können 12 m hoch werden. Wie Arme breiten sich seitlich Äste aus. Fledermäuse bestäuben die Blüten weit oben an der Pflanze.

Gegliedert
Die Opuntie hat abgeflachte Triebe. Die roten Früchte muss man schälen, um die kleinen Dornen zu entfernen. Ihr Fruchtfleisch ist saftig und süß.

Kugelig
Viele Kakteen, wie der Goldkugelkaktus, haben runde Sprosse. Sie können sehr viel Wasser speichern und die Rillen leiten jeden Wassertropfen zu den Wurzeln.

Kletternd
Einige Kakteen kommen in Wäldern vor und klettern an anderen Pflanzen empor. Die riesigen Blüten der Königin der Nacht öffnen sich nur für eine einzige Nacht.

Wo wachsen sie?

Wüsten
Wüstenkakteen müssen extreme Hitze und viel Sonnenlicht ertragen. Sie kommen in ganz Nord- und Südamerika vor.

Wälder
Einige Arten wachsen in Wäldern. Sie speichern kein Wasser, denn die Wurzeln nehmen Luftfeuchtigkeit auf.

Grasländer
Kleine Kakteen in Grasländern werden im Sommer vom Gras beschattet. Die meisten davon kommen in Südamerika vor.

Coole Kakteen

Lange gelbliche ***Dornen*** *stehen in sternförmigen Gruppen auf den Rillen.*

Goldkugelkaktus

Die Triebe *werden bis zu 8 m hoch.*

Orgelpfeifenkaktus

Die Sprossen *sind fächerförmig ausgebildet.*

Myrtillocactus geometrizans forma cristata

Es dauert bis zu 40 Jahre, *bis dieser Kaktus ausgewachsen ist, denn jedes Jahr werden die Triebe nur knapp 2,5 cm länger.*

Saguaro

Dieser Kauz *nistet in der Kaktee.*

Bei Opuntien *sind die Sprosse abgeflacht.*

Opuntie

HÖCHSTER KAKTUS

Mit den Rekordmaßen von 19,2 m und einer Basis mit ungefähr 1 m Durchmesser ist ein mexikanischer Cardón-Kaktus der höchste bekannte Kaktus der Erde.

Viele Kakteen wachsen in der Wüste, wo sie in ihren Sprossen Wasser speichern, um lange Zeiten der Trockenheit zu überstehen. Die meisten Pflanzen stellen in ihren Blättern Nährstoffe her, aber bei Kakteen geschieht das in den grünen Sprossen. Um sich vor hungrigen Tieren zu schützen, haben sie zu Stacheln umgebildete Blätter.

Weil sie meistens in heißen, trockenen Gegenden vorkommen, müssen Kakteen die seltenen, aber dann oft heftigen Regenfälle gut nutzen. Der gerippte Spross des **Goldkugelkaktus** kann sich schnell ausdehnen und viel Wasser speichern. Bei den extremen Bedingungen in der Wüste wachsen Pflanzen sehr langsam. Einige, wie der **Saguaro** und der **Cardón-Kaktus**,

Weihnachtskaktus

Bei uns auf der Nordhalbkugel *erscheinen die Blüten um Weihnachten.*

Tephrocactus

Lange Dornen *sind ein guter Schutz.*

Greisenhaupt

Die weißen Haare *vermindern die Verdunstung.*

Cardón-Kaktus

Die Sprosse *können 1 m dick werden.*

Bischofsmütze

Duftende Blüten *öffnen sich oben an diesem Kaktus.*

Mexikanischer Fasskaktus

Die roten Dornen *schützen vor Fraß durch Tiere.*

Arrojadoa

Nachts öffnen sich die Blüten *und locken Nachtfalter an.*

können 300 Jahre alt werden. Diese hohen Kakteen werden wie der **Orgelpfeifenkaktus** nachts von Fledermäusen bestäubt, während die meisten anderen Arten tagsüber Insekten oder Vögel anlocken. Die Blüten der **Opuntie** wickeln ihre Staubblätter um Bienen, um sie mit Pollen zu bepudern. **Weihnachtskakteen** wachsen in den tropischen Regenwäldern Brasiliens auf Bäumen.

In der Wüste

Echeverie

Die glänzenden Blätter sind rosettenförmig angeordnet.

Bei Trockenheit rollt sich die Pflanze zu einer Kugel zusammen.

Ausgetrocknete Pflanze

Wenn Regen fällt, öffnet sich das Gewächs innerhalb weniger Stunden.

Unechte Rose von Jericho

Die Blätter mit den Stachelspitzen werden 1,5 m lang.

Hundertjährige Agave

Nur Giraffen können mit ihren langen beweglichen Zungen die Blätter zwischen den spitzen Dornen abpflücken.

Kameldorn

Die dicht stehenden Blätter der giftigen Pflanze verhindern, dass Wasser verdunstet.

Yareta

Eine Wüste ist ein sehr trockenes Gebiet, in dem im Jahr weniger als 25 cm Regen fallen. Wüstenpflanzen haben sich an den kargen Lebensraum angepasst. Sie speichern Wasser und reduzieren die Verdunstung. Auf diese Weise können sie lange Trockenzeiten überdauern.

Die **Echeverie** und die **Queen-Victoria-Agave** speichern in ihren fleischigen Blättern Wasser. Die mit Wachs überzogene Oberfläche reflektiert die Sonnenstrahlen. Die **Unechte Rose von Jericho** kann während Trockenperioden mehr als 95 Prozent ihres Gewichts verlieren und schrumpft zu einer Kugel zusammen. So kann

***Die bitteren Früchte** der giftigen Pflanze enthalten Samen, aus denen Öl zum Kochen und Biokraftstoff gewonnen werden.*

Koloquinte

***Die fleischige Pflanze** stellt durch Fotosynthese Nähr- und Aufbaustoffe her.*

Baseball-Wolfsmilch

Sammler hatten diese heute **geschützte** Wolfsmilch fast **ausgerottet**.

***An der weißen Zeichnung** erkennt man, wo die jungen Blätter sich berührten.*

Queen-Victoria-Agave

***In Äthiopien** isst man die jungen Blätter dieses Baums. Er gilt auch als Heilpflanze.*

Meerrettichbaum

***In der steinigen Wüste** ist diese Pflanze perfekt getarnt.*

Lebende Steine

sie Jahre überdauern. Wenn wieder Regen fällt, erwacht sie zum Leben. Wie Kakteen speichern **Baseball-Wolfsmilch**, **Lebende Steine** und der afrikanische **Meerrettichbaum** Wasser. In Wüsten und Halbwüsten kommen nur wenige Pflanzen vor, deshalb haben es viele hungrige und durstige Tiere auf sie abgesehen. **Kameldorn** und **Amerikanische Agave** verteidigen sich mit Dornen, während andere, wie die **Yareta**, giftig sind.

WÜSTENBLUMEN Die Atacama-Wüste in Chile gehört zu den trockensten Gegenden der Erde. Hier fallen nur wenige Millimeter Regen im Jahr. Der Boden scheint kahl, ausgetrocknet und ohne ein Zeichen von Leben zu sein. Wenn jedoch Regen fällt, erscheinen in sehr kurzer Zeit Millionen Blütenpflanzen, wie diese violetten Portulakgewächse. Ihre Samen lagen ruhend im Boden, bis das Wasser sie zum Leben erweckte.

Viele Wüstenpflanzen sind kurzlebig und sterben früh ab. Wenn die Bedingungen geeignet sind, vollenden sie ihren Lebenszyklus in wenigen Wochen oder nur einigen Tagen. Kurzlebige Pflanzen sind meistens klein und niedrig. Es braucht Zeit und Energie, um groß zu werden, und beides haben sie nicht. Sie müssen das Beste aus der kurzen Wachstumszeit machen, deshalb bilden sie so rasch wie möglich Blüten und Samen. Wenn die Trockenzeit wieder einsetzt, sind diese Pflanzen so schnell wieder verschwunden, wie sie erschienen sind. Vorher haben sie ihre Samen verstreut. Diese überdauern in Ritzen im ausgetrockneten Boden, bis erneut Regen fällt. Und das kann sehr lange dauern.

Fleischfresser

Viele Tiere fressen bekanntlich Pflanzen. Aber hast du schon mal gehört, dass eine Pflanze ein Tier verzehrt? Fleischfressende Pflanzen wachsen oft in Mooren. Sie fangen kleine Tiere wie etwa Insekten, die ihnen Stickstoff und Mineralstoffe liefern.

Es gibt unterschiedliche fleischfressende Pflanzen. Fangblätter der **Wasserfalle** und **Venusfliegenfalle** umschließen das Opfer schnell. Bei den **Kannenpflanzen** gibt der Deckel Nektar ab, um Beute anzulocken. Das Insekt fällt dann in eine Verdauungsflüssigkeit, wo sich sein Körper auflöst.

Die unverdaulichen ***Reste*** *der Beute sinken auf den Grund der Falle.*

In den schlauchförmigen Fallen *verhindern nach unten weisende Haare, dass das Opfer entkommen kann.*

Schlauchpflanze

Wenn ein ahnungsloses Beutetier *die Borsten berührt, wird es blitzschnell in die Fangblase gesaugt.*

Wasserschlauch

Fangborsten *halten das Insekt mit klebrigen Tröpfchen fest.*

Sonnentau

An klebrigen Tröpfchen *bleiben Insekten haften.*

Fettkraut

Trichterförmige Blätter *sondern Nektar ab, um Insekten anzulocken. Die werden dann von Bakterien in der Falle verdaut.*

Sumpfkrug

Auf den Blättern von **Fettkraut** und **Sonnentau** sondern Borsten glänzende Tropfen ab, die Insekten anlocken. Diese bleiben kleben und werden verdaut. Eine erstaunliche Pflanze ist der **Wasserschlauch**. An seinen gefiederten Blättern sitzen Fangblasen mit feinen Borsten an der Öffnung. Wenn ein Krebs oder ein anderes Wassertier beim Vorbeischwimmen die Sinnesborsten berührt, wird es blitzschnell in die Falle gesaugt wie mit einem Vakuumstaubsauger.

Giftpflanzen

Viele Pflanzen bilden gefährliche Gifte. Von einigen bekommt man nur Magenschmerzen, andere können tödlich sein. Deshalb darfst du niemals Teile einer Pflanze essen, die du nicht ganz genau kennst.

Im Lauf der Zeit haben Menschen immer mehr über giftige Pflanzen herausgefunden und diese Gifte auch verwendet. Mit **Tollkirschen** vergiftete man Pfeilspitzen. Der griechische Philosoph Sokrates soll mit einem **Schierlingstrank** hingerichtet worden sein. Mit **Eisenhut** rieb man

Pfeilspitzen für die Jagd ein und im antiken Rom ermordete man mit dieser Pflanze Feinde. Rizin, das man aus dem **Wunderbaum** gewinnen kann, ist eines der tödlichsten Gifte der Welt. Alle hier abgebildeten Pflanzen sind für Menschen giftig. Für Tiere sind einige ungefährlich. Vögel können die Beeren des **Weißfrüchtigen Christophskrauts** gefahrlos fressen und verbreiten die Samen. So geschieht es auch beim Verzehr der fleischigen Samenmäntel von **Eiben**. Südamerikanische Leguane fressen Früchte und Blätter des giftigen **Manchinelbaums**.

Schmarotzer

Weißbeerige Mistel

Die Mistel verbreitet sich, *wenn Vögel die Beeren fressen und mit ihrem Kot einen Samen auf einem Ast hinterlassen.*

Tristerix aphyllos

Nur die roten Blüten *sind am Wirt zu sehen.*

Teufelszwirn

Dünne Triebe *umschlingen die Wirtspflanze und schwächen ihr Immunsystem.*

Helosis

Pilzförmige Blütenstände *erscheinen, während unterirdische Triebe die Wurzeln der Wirtspflanze anzapfen.*

Efeu-Sommerwurz

Die Pflanze *mit den blassen Trieben lebt als Parasit an Efeu.*

Pilostyles thurberi

Blüten mit nur 2 mm *Durchmesser öffnen sich am Stängel des Wirts.*

Die meisten Pflanzen nehmen Wasser und ihre Mineralsalze aus dem Boden auf und stellen durch Fotosynthese Nährstoffe her. Einige haben jedoch andere Strategien entwickelt. Schmarotzerpflanzen zapfen die Stängel oder Wurzeln anderer Pflanzen an, um ihnen ihre Nährstoffe zu entziehen.

Es gibt unterschiedliche Schmarotzerpflanzen: Halbparasiten können mit der Energie des Sonnenlichts eigene Nährstoffe herstellen, aber sie nehmen Wasser und zusätzliche Nähr- und Mineralstoffe aus ihren Wirtspflanzen auf. Einige Halbparasiten, wie die **Weißbeerige Mistel** und der **Australische Weihnachtsbaum**, sterben

Augentrost

Die kleinen Pflanzen *zapfen die Wurzeln von Gräsern an, um ihnen Nährstoffe wegzunehmen.*

Triphysaria-Art

Dieser Parasit *entnimmt Nährstoffe von Wurzeln anderer Pflanzen.*

DER WIRT WIRD ANGEZAPFT

Schmarotzerpflanzen haben umgebildete Wurzeln, die man Haustorien nennt. Sie dringen in die Wurzeln oder Stängel der Wirtspflanze ein und entziehen ihnen Nährstoffe, Wasser und Mineralstoffe.

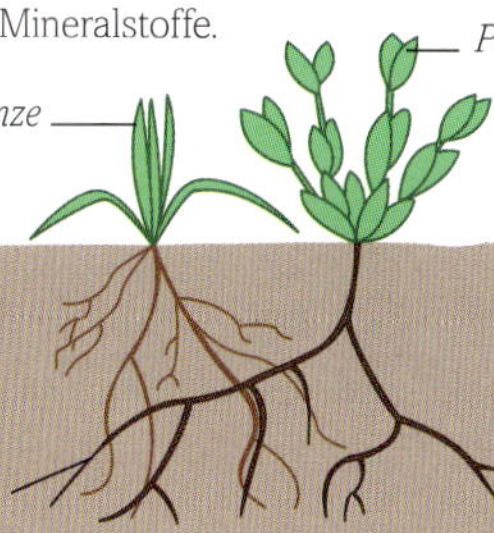

Die Rafflesie trägt die **größte Blüte** der Erde. Sie hat mehr als 1 m Durchmesser.

Australischer Weihnachtsbaum

Mit seinen Wurzeln *kann dieser Baum anderen Bäumen, die in bis zu 110 m Entfernung wachsen, Mineralstoffe stehlen.*

Riesenrafflesie

Die riesigen Blüten *riechen nach verwesendem Fleisch und sehen auch so aus.*

ab, wenn sie keinen Wirt finden. Andere, wie der **Augentrost**, überleben auch ohne Wirt, sie wachsen dann aber meistens nicht so gut. Pflanzen, die vollständig parasitisch leben, können keine eigenen Nährstoffe herstellen. Sie müssen eine Wirtspflanze finden, sonst sterben sie ab. Einige dieser Parasiten, wie der **Teufelszwirn**, wachsen über dem Erdboden. Die meisten, wie etwa die ***Tristerix aphyllos, Helosis*, *Pilostyles thurberi*** und die beeindruckende **Riesenrafflesie**, leben vollständig in ihrer Wirtspflanze und werden nur sichtbar, wenn sie blühen. Schmarotzer töten ihren Wirt normalerweise nicht, aber sie können ihn schwächen.

Im Gebirge

Serpentin-Zuckerbusch

Dieser Zuckerbusch *ist in seiner Heimat Südafrika gefährdet.*

Alpen-Vergissmeinnicht

Aus den eingerollten *rosa Knospen öffnen sich blaue Blüten.*

Alpennelke

Im Frühjahr *sind die kleinen Blätter unter der rosa Blütenpracht kaum zu erkennen.*

Breitblättriges Knabenkraut

Die hohen Blütenstände *entwickeln sich im Frühjahr rasch.*

Spatelblättrige Fetthenne

An jeder Rosette *erscheinen viele gelbe Blütenstände.*

Die fleischigen Blätter *sind spatelförmig.*

Spinnweb-Hauswurz

Die sternförmigen Blüten *locken Hummeln an.*

Im Gebirge herrschen extreme Bedingungen. In der Höhe sind die Pflanzen im Winter eisiger Kälte und im Sommer intensiver Strahlung ausgesetzt. Die Bodenschicht ist dünn und trocken. Viele Gebirgspflanzen haben kurze Stängel, sodass der Wind ihnen nicht so viel anhaben kann. Kleine Blätter verlieren weniger Wasser durch Verdunstung. Die meisten Arten wachsen in Polstern nah am Boden. Manche haben silbrige oder weiße Blätter, die viel Sonnenstrahlung reflektieren.

Schachblume

Die hübschen nickenden Blüten *öffnen sich an bis zu 60 cm hohen Stängeln.*

Berg-Hahnenfuß

Diese Art*, die im Gebirge vorkommt, bleibt sehr niedrig.*

Haleakalā-Silberschwert

Diese gefährdete Pflanze *kommt auf Hawaii vor. Sie wächst nur auf einem ruhenden Vulkan in 2100 m Höhe. Ihre schwertförmigen Blätter sind silbrig behaart.*

Niederliegender Ehrenpreis

Sogar die Blütenstände *dieser Pflanze öffnen sich in Bodennähe.*

Einige Pflanzen wachsen **6150 m** über dem Meeresspiegel.

Himalaya-Maiapfel

Diese Pflanze *erträgt extreme Kälte, aber keine Trockenheit.*

Bitterwurz

Diese seltene Art *kommt nur am Lake Tahoe in Kalifornien vor.*

Die spinnweb-ähnlichen Haare *halten kühl und reduzieren die Verdunstung.*

Gebirgspflanzen haben sich an die Trockenheit auf verschiedene Weise angepasst. Das **Breitblättrige Knabenkraut** und die **Schachblume** überstehen den kalten Winter als Knollen oder Zwiebeln und blühen im Frühjahr. Auch der **Himalaya-Maiapfel** wächst im Frühjahr schnell. Seine oberirdischen Teile sterben dann ab. Andere Arten, wie die **Spatelblättrige Fetthenne**, die **Alpennelke**, die **Spinnweb-Hauswurz** und die **Bitterwurz**, haben kurze, dicke Blätter. Sie bleiben nah am Boden, wo sie am besten vor Wind geschützt sind.

Kletterpflanzen

Die Pflanzen **umschlingen** nie ihre eigenen Triebe.

Hakenförmige Dornen

Kletterpflanzen wachsen dem Sonnenlicht entgegen. Sie winden sich um einen Baum oder ranken einen Zaun empor. Andere Pflanzen breiten sich am Boden aus und bilden Teppiche oder überwuchern Mauern. Kletterpflanzen sind eine Bereicherung für jeden Garten.

Einige Kletterpflanzen, wie der **Chinesische Sternjasmin**, winden ihre Stängel um andere Pflanzen, um nach oben zu gelangen. Auch **Waldreben** klettern, aber die meisten Arten winden dazu ihre langen Blattstiele um ihre Nachbarn. Die **Drillingsblume** verhakt sich mit ihren Dornen an Oberflächen.

Efeu

Haftwurzeln

***Mit den unzähligen Haftwurzeln** kann der Efeu bis in 30 m Höhe klettern.*

Feuerranke

***Oft klettern** zwei Fiedern mit einer gemeinsamen Ranke.*

Gegabelte Ranke

Waldrebe

***Wegen ihrer schönen Blüten** ist diese Waldrebe eine beliebte Gartenpflanze.*

Wilder Wein

Haftscheiben

***Mit den Haftscheiben** hält sich die Pflanze fest.*

***Das Laub** färbt sich im Herbst leuchtend rot.*

SUCHE NACH HALT

Kletterpflanzen müssen erkennen, wo sie sich festhalten können. Einige nehmen den Schatten von Dingen in der Nähe wahr, andere chemische Stoffe, die Nachbarpflanzen abgeben.

1. Die Ranke macht Suchbewegungen. *2. Sie hat einen Gegenstand wahrgenommen.* *3. Nun umschlingt sie ihn fest.*

Die **Feuerranke**, die **Breitblättrige Platterbse** und der **Wilde Wein** besitzen Ranken, mit denen sie sich festhalten können. An den Trieben von **Efeu** treiben fingerartige Haftwurzeln aus, die sich in Spalten von Baumrinde oder an Mauern oder Zäunen festhalten, an der die Pflanze emporwächst. Diese Wurzeln haften so fest, dass man sie kaum entfernen kann.

Knospen öffnen sich › Blätter und neue Triebe entspringen aus Knospen, die das weiche, zarte Gewebe im Winter vor Frost schützen.

Das Blatt steckt noch in der Knospe, aber es wächst und wird sich bald entfalten.

Die Knospenschuppen sind robust und wasserundurchlässig.

Spitzahorn

Frühjahr
Sobald es wärmer wird, beginnt der Austrieb. Schon im April trägt der Baum grüngelbe Blüten, die von Bienen und anderen Insekten bestäubt werden. Aus Knospen an den Zweigen entfaltet sich das Laub.

Sommer
Die grünen Blätter stellen mit der Energie des Sonnenlichts Nährstoffe her, sodass der Baum wachsen und Früchte bilden kann. An langen sonnigen Tagen kann der Baum viele Nährstoffe bilden.

Was ist ein Baum?

Im Jahreslauf
Der Lebenszyklus eines sommergrünen Baums, wie des Spitzahorns, folgt dem Lauf der Jahreszeiten.

Bäume sind die größten und langlebigsten Pflanzen. Statt grüner, krautiger Stängel haben sie verholzte Stämme, von denen meistens viele Äste abzweigen. Das Holzgewebe ist sehr stabil, sodass einige Baumarten 100 m hoch oder sogar noch höher werden können. Ein Netzwerk aus Wurzeln verankert den Baum im Erdreich und nimmt Wasser und Mineralsalze aus dem Boden auf.

Herbst
Es wird kälter und die Tage werden kürzer. Der Baum stellt keine Nährstoffe mehr her. Das Chlorophyll, das die Blätter grün färbt, wird abgebaut. Sie werden rot und gelb, bevor sie abfallen.

Winter
Während der kalten Wintermonate sind die Äste kahl und der Baum ruht. Er spart seine Energie, bis es wieder Frühling wird.

Sommergrüne und immergrüne Bäume

Sommergrüner Baum im Herbst

Immergrüner Baum

Sommergrüne Bäume werfen ihre Blätter im Winter ab und stellen ihr Wachstum ein. Im Frühjahr entfalten sich Blätter, die viele Nährstoffe herstellen, sodass der Baum schnell wächst. Immergrüne Bäume haben robustere Blätter, die Nährstoffe langsamer aufbauen und im Herbst nicht abfallen.

Jahresringe

Baumstamm im Querschnitt

Jedes Jahr wird der Stamm eines Baums dicker, denn unter der Rinde entsteht eine neue Schicht aus verholztem Gewebe. Es wächst im Frühjahr schnell, sodass relativ weiches Holz gebildet wird. Später im Jahr wächst es langsamer und das Holz ist härter. Es bilden sich Jahresringe.

Waldtypen

Wenn genügend Regen fällt, sodass viele Bäume wachsen können, entstehen dichte Wälder. Der Waldtyp hängt von der Art der Bäume ab, die im jeweiligen Klima gedeihen.

Regenwald
Bei feuchtem Klima ohne Winterfröste wachsen die Bäume während des ganzen Jahres und bilden Regenwälder. Die meisten befinden sich in den Tropen.

Nadelwald
Vor allem robuste immergrüne Nadelbäume, wie Fichten und Kiefern, bilden die Wälder im hohen Norden, wo es oft sehr kalt ist.

Laubwald
In Regionen mit langen Sommern und kurzen Wintern wachsen Wälder mit sommergrünen Bäumen. In jedem Frühjahr entfalten sich neue Blätter.

Verschiedene Baumtypen

***Diese Bäume** können 45 m hoch werden.*

Breit

Zuckerahorn

***Die hohen Bäume** tragen kleine, eiförmige Zapfen.*

Säulenförmig

Mittelmeer-Zypresse

***Aus den weißen Blütenständen** kann man Sirup zubereiten.*

Breit

Schwarzer Holunder

***Innerhalb weniger Tage** fallen im Herbst alle Blätter ab.*

Breit

Ginkgo

***Die steifen immergrünen Blätter** sitzen in Büscheln an den Spitzen der Zweige.*

Ausladend

Drachenblutbaum

Die **Rinde** sondert einen **blutroten Saft** ab, wenn man sie aufschlitzt.

Bäume gibt es in vielen Formen und Größen, je nach der Umgebung, in der sie wachsen. Immergrüne Bäume tragen ihr Laub während des ganzen Jahres. Laub abwerfende Bäume verlieren zu einer bestimmten Jahreszeit alle Blätter.

Die meisten immergrünen Bäume sind Nadelbäume, die keine Blüten tragen, wie die **Mittelmeer-Zypresse** und die **Nordmanntanne**. Aber auch einige Bäume, die Blüten tragen, sind immergrün. Viele Arten von **Eukalyptus** haben robustes Laub. Öle auf den Blättern reduzieren

die Verdunstung. Sie hängen senkrecht herab, sodass sie der sengenden australischen Sonne nicht so stark ausgesetzt sind. Auch Palmen wie die **Kokospalme**, die im feuchten tropischen Klima wachsen, sind immergrün. Laub abwerfende Bäume verlieren die Blätter in einer Jahreszeit, die zu heiß, zu kalt oder zu trocken ist. Die **Echte Feige** wirft ihre Blätter in der Trockenzeit ab, während **Schwarzer Holunder**, **Ginkgo**, **Zuckerahorn** und viele Arten von **Eichen** ihr Laub abwerfen, um die kalten Winter in ihrem Verbreitungsgebiet zu überstehen.

Die Baumrinde

Die rotbraune Rindenschicht kann 30 cm dick werden.

Faserig
(Küstenmammutbaum)

Die grüne innere Schicht färbt sich blau, violett und orangerot, wenn sie der Luft ausgesetzt ist.

Bei starker Sonne kann die gestreifte Rinde Schaden nehmen.

Senkrechte Streifen
(Koreanischer Schlangenhautahorn)

Stachelig
(Florettseidenbaum)

Kegelförmige Stacheln halten gefräßige Tiere ab.

An den eckigen Platten der Borke kann man den Baum gut erkennen.

Platten
(Kakibaum)

Ein tödlicher Pilz kann diese glatte Borke infizieren.

Glatt
(Amerikanische Buche)

Die Rinde hüllt Stämme und Äste von Bäumen oder Sträuchern ein. Sie bildet eine Barriere gegen Krankheitserreger und hält das Wasser in der Pflanze. Außerdem schützt sie vor Fraß durch Tiere. Die äußere verkorkte Borke besteht aus abgestorbenen Zellen.

Baumrinde kann verschiedene Muster und Strukturen haben. Für die Gesundheit des Baums ist sie lebenswichtig. Die faserige Rinde des **Küstenmammutbaums** ist extrem feuerfest, während die stachelige Rinde des **Florettseidenbaums** gefräßige Tiere fernhält. Weil alle Baumstämme

Streifig (Regenbogen-Eukalyptus)

Fleckig
(Amerikanische Platane)

Große Platten *der Borke blättern ab.*

Schuppig
(Kiefer)

Die äußere Borke *blättert in Schuppen ab.*

Rautenförmige Poren *sind bei älteren Bäumen zu Kanälen verbunden.*

Korkporen
(Silberpappel)

Rissig
(Eiche)

Eichenrinde *enthält Tannine, die man verwendet, um Leder zu gerben.*

Manche australische **Ureinwohner** sehen in Bäumen mit weißem Stamm **Geister**.

Die tiefen Furchen *entwickeln sich bei alten Bäumen.*

Furchen
(Bruchweide)

In der glänzenden *rotbraunen Rinde öffnen sich die Korkporen.*

Waagrechte Korkporen
(Tibetkirsche)

Weiß
(Ghost Gum)

Der weiße Stamm *reflektiert die starke Sonnenstrahlung in Australien.*

Sauerstoff brauchen, befinden sich Korkporen in der Rinde, durch die Luft eindringen kann – auffällig zu sehen z. B. bei **Silberpappeln** und **Tibetkirschen**. Oft springt die äußere Borke auf, wenn der Baum wächst, sodass untere Rindenschichten sichtbar werden. So entstehen die Muster des **Koreanischen Schlangenhautahorns**, des **Regenbogen-Eukalyptus** und der **Amerikanischen Platane**. Bäume können absterben, wenn ihre Rinde stark verletzt wird. Bergkiefernkäfer bringen Sporen von Pilzen unter die Borke. Aus ihren Eiern schlüpfen Larven, die das lebende Rindengewebe fressen. Die Kiefer sondert zur Abwehr ein klebriges Harz ab.

EIN BAUMRIESE Die nordamerikanische Pazifikküste ist dicht bewaldet. Millionen Nadelbäume wachsen bei den kühlen, feuchten Bedingungen an der Westseite der Rocky Mountains sehr gut. In diesem gemäßigten Klima ragen auch gewaltige Bäume auf, wie dieser alte Küstenmammutbaum in Kalifornien. In der Ferne sieht man den Rockefeller Forest, den ältesten Wald aus Küstenmammutbäumen. Er ist mehr als 40 km² groß.

Dieser Baum wirkt im Verhältnis zu den Bäumen in seiner Umgebung wie ein Gigant. Der größte Baum der Erde ist noch höher. Er trägt den Namen Hyperion. Mit 116 m Höhe ist er doppelt so hoch wie die Freiheitsstatue in New York (USA). Wo genau Hyperion steht, ist ein gut gehütetes Geheimnis – es gibt keine Fotos, die mit Sicherheit diesen Baum zeigen. Man weiß nur, das er sich irgendwo im Kaskadengebirge im nördlichen Kalifornien befindet, im Redwood-Nationalpark. Hier stehen auch Helios und Icarus, der zweit- und dritthöchste Baum. Trotz seiner Größe entdeckte man den 600 bis 800 Jahre alten Hyperion erst 2006, denn er steht in einem Tal, sodass man kaum erkennt, wie hoch er ist.

Zeit zum Blühen

Goldregen

***Diesen Baum** hat man nach seinen vielen gelben Blüten benannt.*

***Die rosa Blüten** öffnen sich im Frühling noch vor den Blättern und entwickeln sich zu Hülsen.*

Chinesischer Judasbaum

Falscher Jasmin

***Öle aus den duftenden Blüten** werden Parfüms beigemischt.*

***Dieses Kronblatt** leitet Bestäuber zum Nektar.*

***Die blühenden Äste** breiten sich weit aus und spenden in tropischer Hitze Schatten.*

Flammenbaum

NATURFARBSTOFF

2018 entwickelten Wissenschaftler einen natürlichen Farbstoff aus den leuchtend roten Blüten des Flammenbaums. Man kann mit ihm Seide und Baumwolle färben.

An Bäumen und Sträuchern öffnen sich im Frühjahr und Sommer oft bunte Blüten. Veränderungen der Temperatur und der Tageslänge signalisieren der Pflanze, wann sie blühen soll. Aus den Blüten entwickeln sich Früchte, nachdem sie bestäubt wurden.

Einige Bäume und Sträucher, wie **Schlehe** und **Magnolie**, blühen, bevor sich Blätter entfalten. Bestäuber finden die Blüten deshalb leichter. Danach kann es Monate dauern, bis sich Früchte wie die des **Falschen Jasmins** oder des **Apfelbaums** und die Hülsen des **Goldregens**

und des **Chinesischen Judasbaums** entwickeln. Meistens werden Bäume, die Blüten tragen, gepflanzt, weil sie hübsch aussehen oder weil man ihre Früchte essen kann. Manche Blüten, wie etwa die von **Magnolien**, verwendet man jedoch auch in der Traditionellen Chinesischen Medizin, und ihre duftenden Öle sind in Kosmetikprodukten enthalten. In Japan feiert man im Frühjahr das Kirschblütenfest. Aus aller Welt reisen Menschen an, um die Blütenpracht zu bestaunen.

Auf den Bäumen

Die steifen Blätter sind daran angepasst, Feuchtigkeit aus der Luft aufzunehmen.

Tillandsia ionantha

Das Laubmoos bildet Sporen, aus denen neue Pflanzen heranwachsen.

Stein-Goldhaarmoos

Bis zu 150 cm lang können diese Wedel werden.

Nestfarn

Geweihfarn

Dieser Farn hat Wedel, die wie Hirschgeweihe gegabelt sind.

Die silbrigen Blätter hängen herab.

Spanisches Moos

An schattigen, feuchten Orten bildet dieses Moos dichte Polster.

Spaltzahnmoos

Nicht alle Pflanzen sind im Erdboden verwurzelt. Aufsitzerpflanzen, die man auch Epiphyten nennt, wachsen auf anderen Pflanzen, meistens auf Bäumen. Sie nehmen ihrem Wirt keine Nährstoffe, sondern holen sich alles, was sie brauchen, aus der Luft, dem Regen oder von toten Blättern, die sich an ihrer Basis angesammelt haben.

Das **Spaltzahnmoos** und andere Laubmoose wachsen an Mauern oder Baumstämmen. Die kleinen Pflanzen speichern Wasser wie ein Schwamm und verwenden es, um durch Fotosynthese Nährstoffe herzustellen. **Spanisches Moos** ist gar kein Moos, sondern eine Blütenpflanze. Sie ist eine von etwa

Klapperschlangen-Orchidee

Die langen Blütenstände *erinnern an die Rassel einer Klapperschlange.*

Frösche, Insekten und sogar Krabben *leben in den Blatttrichtern von Bromelien.*

In der Mitte der Blattrosette *sammelt sich Wasser wie in einem winzigen Tümpel.*

Bromelie

> **STOCKWERKE**
>
> Regenwälder kann man in vier Stockwerke unterteilen. In jedem Stockwerk leben typische Pflanzen und Tiere. Pilze wachsen am dunklen Waldboden. In der niedrigen Strauchschicht finden kleine Tiere im Schatten Deckung. In der Kronenregion leben Vögel und Tiere, die gut klettern können. Urwaldriesen überragen alle anderen Bäume. Adler und Flughunde halten sich hier oben auf.
>
> 
>

Pollen heften sich an **Bienen**, weil sie die Blüten für **Rivalen** halten und angreifen.

Tigerorchidee

Die gelben Blüten *tragen ein Muster aus Streifen und Flecken, daher der Name der Orchidee.*

Die Blätter *sind mit einer Wachsschicht bedeckt.*

Amerikanischer Tüpfelfarn

Die streifenförmigen Wedel *werden bis zu 1 m lang.*

550 Arten aus der Gruppe der Tillandsien. Diese können aus der feuchten Luft Wasser aufnehmen. Auch viele **Orchideen** wachsen als Aufsitzerpflanzen in feuchten Lebensräumen wie den Regenwäldern. Sie nehmen mit speziellen Wurzeln Feuchtigkeit aus der Luft auf. Auch der **Geweihfarn** nimmt mit seinen Wurzeln Wasser aus seiner feuchten Umgebung auf. Spezialisierte Wedel bedecken sie und schützen sie so vor dem Austrocknen. Mit ihren Rosetten aus Wedeln fängt der Farn Wasser und herabgefallene Blätter auf, die sich zersetzen. Sie liefern der Aufsitzerpflanze die notwendigen Nährstoffe. Genauso geschieht es bei anderen epiphytischen Farnen wie dem **Nestfarn** und **Amerikanischen Tüpfelfarn**.

DIE WÜRGEFEIGE

In der Tempelanlage Wat Mahathat in Thailand hat eine Würgefeige den Kopf einer zerbrochenen Buddhastatue eingerahmt. Diese Pflanzen gelangen als kleiner Samen mit dem Kot eines Affen oder Vogels auf einen Baumast.

Die Wurzeln wachsen am Stamm nach unten und nehmen Nährstoffe aus Ablagerungen auf den Ästen auf. Wenn sie den Boden erreichen, wachsen sie in die Erde. Nun kann sich die Würgefeige schneller entwickeln und schickt ihre Triebe höher hinauf zum Sonnenlicht. Viele Wurzeln umschlingen den Stamm des Wirtsbaums. Sie werden immer dichter und dicker, sodass der Baum manchmal abstirbt. Würgefeigen überwuchern alles, was ihnen im Weg steht, auch Mauern und ganze Gebäude.

Am Waldboden

In den Wäldern der gemäßigten Breiten hat sich die Pflanzenwelt an die vier Jahreszeiten angepasst. Die Blüten müssen sich öffnen, bevor sich die Blätter entfalten und das Sonnenlicht abschirmen. Andere Pflanzen, wie Farne und Moose, sind daran angepasst, mit wenig Licht auszukommen.

***Blaue Blüten** bilden im westlichen Europa im Frühjahr dichte Teppiche unter den Bäumen.*

Atlantisches Hasenglöckchen

***Die sternförmigen Blüten** riechen moschusartig.*

Buschwindröschen

Norne

***Die Haare** locken Insekten an, aber diese Orchideenblüte bildet keinen Nektar.*

***Das Moos** wird bis zu 10 cm hoch.*

Gabelzahnmoos

Funkie

***Die hohen Blütenstände** locken Bestäuber an.*

Frauenschuh-Orchidee

***Diese Blüte** erinnert an einen eleganten Pantoffel.*

Bärlauch

***Die essbaren Blätter** riechen und schmecken nach Knoblauch.*

Das **Buschwindröschen** gehört zu den ersten Pflanzen, die im Frühjahr blühen. Bald folgen **Bärlauch** und **Atlantisches Hasenglöckchen**. Sie treiben aus unterirdischen Speicherorganen aus und nutzen das Sonnenlicht, bevor die Bäume über ihnen ihr Laub entfalten. Diese Frühjahrspflanzen blühen nur wenige Wochen lang, dann sterben ihre oberirdischen Teile ab. Das **Weiße Walddreiblatt** kann auf diese Weise 70 Jahre alt werden. Unter dem dichten grünen Blätterdach ist es auf dem Waldboden im Sommer dunkel, kühl und feucht – ideale Bedingungen für Farne und Moose. Im Herbst fallen die Blätter von den Bäumen und bedecken den Erdboden während der kalten Monate. Die dicke Laubschicht liefert dem Boden neue Nährstoffe.

An der Basis der Fiedern *befinden sich Lappen, die an den Griff eines Schwerts erinnern.*

Schwertfarn

Sechs Blütenhüllblätter *umgeben die Staubblätter. Sie krümmen sich zurück, um Bestäuber anzulocken.*

Zahnlilie

Ein gestreiftes Hochblatt *ummantelt den Blütenstand.*

Dreiblättriger Feuerkolben

Diese Pflanze ist **giftig**, aber richtig verarbeitet kann man **Brot** aus ihr backen.

Weißmoospolster wachsen nur langsam*, aber sie können 1 m Durchmesser erreichen.*

Weißmoos

Weißes Walddreiblatt

Die dreiblättrigen Blüten *öffnen sich erst an 7–10 Jahre alten Pflanzen.*

Bonsai

Die Äpfel haben nur etwa 1 cm Durchmesser und sind etwa ein Fünftel so groß wie normale Zieräpfel.

Zierapfel

Die kleinsten Bonsais sind nur 5 cm hoch.

Bonsai-Liebhaber lieben Kiefern wegen ihrer dichten Krone aus Nadeln.

Waldkiefer

Während des ganzen Winters trägt das Bäumchen rote Beeren.

Japanische Winterbeere

Satsuki-Azalee

Die trichterförmigen Blüten können 2 bis 17 cm Durchmesser haben.

Dieser japanische Druck aus dem 18. Jahrhundert zeigt eine Frau, die bei einem Händler Bonsais begutachtet.

Bonsai-Händler

Wegen der violetten Blüten sind Blauregen-Bonsais sehr beliebt.

Blauregen

Der japanische Ausdruck „Bonsai“ bedeutet „Anpflanzung in der Schale“. Die Kultivierung von Miniaturbäumen ist eine asiatische Kunst. Der Topf begrenzt das Wachstum der Pflanze, die Äste werden häufig beschnitten. So bleibt das Bäumchen klein, bildet aber seine natürliche Wuchsform aus.

Obwohl Bonsai-Bäumchen meistens nur 13 bis 25 cm hoch werden, tragen sie Blüten und Früchte. Einige Arten, wie **Blauregen** und **Satsuki-Azaleen**, sind wegen ihrer hübschen Blüten besonders beliebt. Andere, wie **Zieräpfel** und **Zwerg-Granatäpfel**, tragen kleine Früchte. Die Äste und Wurzeln müssen sorgfältig

BONSAI BESCHNEIDEN

Mit speziellen Scheren werden die Zweige so getrimmt, dass sie eine bestimmte Form ausbilden und der Baum nicht zu schnell wächst.

Chinesischer Wacholder

Außergewöhnliche Wuchsformen *kann man erzielen, indem man Stamm und Äste um Drähte windet, die später entfernt werden.*

Rosa, weiße, rote oder violette Blüten *öffnen sich meist im Monat Mai, der im Japanischen „satsuki" heißt.*

Fächerahorn

Das bunte Herbstlaub *kann Bonsai-Liebhaber sehr begeistern.*

Chinesische Ulme

Mit Steinen *wird oft eine Landschaft nachgebildet.*

Zwerg-Granatapfel

Dieses Bäumchen *wurde so kultiviert, dass es aussieht, als würde es an einer stürmischen Küste wachsen.*

zugeschnitten werden, und dabei darf der kleine Baum natürlich nicht absterben. **Chinesische Ulmen** ertragen relativ viele Anfängerfehler, wenn sie als Bonsai kultiviert werden. Ein berühmter **Chinesischer Wacholder** wurde in Japan ungefähr 1000 Jahre alt. Im Lauf der Jahrhunderte formten und beschnitten ihn viele Bonsai-Meister sorgfältig. Ein Bonsai kann sehr wertvoll werden, wenn er lange Zeit kultiviert wurde. Der bisher teuerste Bonsai wurde 2011 verkauft. Der Preis für das Bäumchen betrug 100 000 000 japanische Yen, das sind umgerechnet ungefähr 850 000 Euro.

Was ist ein Gras?

Die meisten Gräser sind niedrige Pflanzen mit langen schmalen Blättern, die an einem Halm sitzen. Die winzigen Blüten sind fast immer zu Ähren oder Rispen zusammengesetzt. Diese Pflanzengruppe entwickelte sich vor mehr als 66 Millionen Jahren. Heute gibt es etwa 12 000 Arten allein von Süßgräsern. Auf allen Kontinenten erstrecken sich riesige Grasländer. Keine andere Pflanzengruppe ist so weit verbreitet.

Wachstumszone ❯ Gräser ertragen es, wenn Wild- und Nutztiere sie immer wieder abfressen, denn ihre Wachstumszone befindet sich unten am Halm, nahe des Erdbodens. Wenn Tiere die Blätter abknabbern, kann die Pflanze trotzdem gut nachwachsen.

Gräserblüten

Die Staubblätter hängen aus den Blüten und entlassen unzählige Pollenkörner, die vom Wind verweht werden.

Blütenstand des Wiesen-Fuchsschwanzes

Gräser bilden Blütenstände mit vielen kleinen Blüten, die vom Wind bestäubt werden. Die Blüten lassen die Staubblätter in den Wind hängen, sodass Millionen Pollenkörner verweht werden, um die fiedrigen, klebrigen Narben anderer Gräser befruchten zu können. Weil Gräser keine Tiere als Bestäuber anlocken, sind ihre Blüten nicht bunt und auffällig.

Blätter ❯ Viele Gräser haben lange dünne Blätter mit parallelen statt netzartig verzweigten Adern.

Ruchgras

Blattscheiden umschließen die Basis der Halme. Sie verhindern, dass der Halm bricht, und schützen die Wachstumszone.

Wurzeln ❯ Gräser haben ein sehr dichtes Wurzelsystem, das die Pflanze gut verankert, wenn kräftige Weidetiere an ihr ziehen. Graswurzeln stabilisieren den Boden und verhindern Erosion.

Verwandtschaft

Simsen
Die Schnee-Hainsimse hat lange dünne Blätter, die wie die Blätter von Süßgräsern aussehen, aber sie gehört wie die Binsen zur Familie der Sauergräser.

Seegras
Seegräser wachsen auf dem Meeresgrund. Sie sind ein wichtiger Lebensraum und dienen als Nahrungsquelle für viele Fische und andere Meerestiere.

Seggen
Seggen sind Pflanzen der Feuchtgebiete mit grasartigen Blättern. An ihrem dreikantigen Stängel kann man sie erkennen und von Süßgräsern unterscheiden.

Grasländer

Grasländer bedecken etwa ein Drittel der Landflächen der Erde. Man findet sie in Regionen, die so trocken sind, dass sich keine Wälder ausbilden können, wo aber mehr Regen fällt als in den Wüsten. Sie bilden die afrikanischen Savannen, die nordamerikanischen Prärien und die Wiesen in Europa. Viele Tiere leben in den Grasländern, wie die Grant-Gazelle. Oft brennen Grasländer ab. Nach dem Brand wachsen die Gräser aber rasch nach.

Grasarten

Wenn du an ein Gras denkst, stellst du dir vielleicht den Rasen im Garten vor, aber es gibt Tausende sehr verschiedener Grasarten, darunter auch Nutzpflanzen wie Reis und Bambus. Gräser sind zwar nicht sehr bunt, aber einige von ihnen sind für uns unglaublich wichtig. Sie wachsen auf der ganzen Erde, auch in Wüsten und in Gebirgen.

Zierbambus

Anders als bei anderen Gräsern *sitzen die Blätter an verholzten Halmen.*

Die blaugrauen Blätter *werden bis zu 20 cm hoch.*

Blauschwingel

Antarktische Schmiele

Dieses kleine Gras *ist eine der beiden Blütenpflanzen, die in der Antarktis heimisch sind.*

Grasländer bilden den größten Landlebensraum der Erde.

Die Blütenstände *erinnern an die Füße von Krähen, daher der Name.*

Krähenfußgras

Zwar sehen die meisten Gräser ähnlich aus, aber einige haben sehr typische Merkmale. **Bambus** verholzt und einige Bambusarten werden bis zu 50 m hoch. Die **Antarktische Schmiele** kommt in einem sehr kalten Klima vor und wird nur wenige Zentimeter hoch. Die meisten Gräser sind grün in allen möglichen Schattierungen, aber es gibt auch solche, die für ihre Farben berühmt sind, wie das rote **Japanische Blutgras** und der silbrige **Blauschwingel**. Die roten Blütenstände des **Rosa Haargrases** bringen Farbe in den Garten. Viele Menschen pflanzen **Amerikanisches Pampasgras** wegen seiner hohen, fiedrigen Ähren, die im Wind flattern.

***Wegen der flauschigen Blüten** ist dieses Gras eine beliebte Gartenpflanze.*

Hasenschwanzgras

HOCH UND NÜTZLICH

Elefantengras kann schnell sehr hoch werden und braucht nur wenig Wasser und kaum Nährstoffe. Afrikanisches Elefantengras wächst auch auf schlechtem Boden und dient als Futter für Rinder und Elefanten. Man pflanzt es auch, um in trockenen oder überweideten Gebieten die Erosion des Bodens zu verhindern. Wissenschaftler erforschen zudem die Eignung dieser Gräser für Biokraftstoffe.

***Die flachen Blütenstände** sind nur 1 cm lang.*

Plattährengras

***Die Blütenstände** sehen aus wie rosa Wolken.*

Rosa Haargras

***Die Blütenstände** erinnern an Flaschenputzer.*

Orient-Federborstgras

Japanisches Blutgras

***Die Spitzen der Blätter** sind blutrot gefärbt.*

***Dieses Gras** kann 3 m hoch werden.*

Amerikanisches Pampasgras

Gräser und Getreide

Die Körner, von denen sich die Menschheit ernährt, sind die Samen von Gräsern. Gezüchtete Gräser mit essbaren Körnern nennt man Getreide. Sie werden seit Jahrtausenden kultiviert und heute weltweit angebaut.

Mais ist das Getreide, das am häufigsten angebaut wird. Maiskörner werden oft an Rinder verfüttert oder zum Biokraftstoff Ethanol verarbeitet. Das zweithäufigste Getreide ist **Reis**, das wichtigste Nahrungsmittel für die Hälfte aller Menschen. Vor allem in Asien isst man viel Reis. **Weizen** als Nummer 3 wird meistens zu Mehl vermahlen, um Brot zu backen und Teigwaren herzustellen. **Gerste**, das vierthäufigste Getreide, verarbeitet man zu Nahrungsmitteln und alkoholischen Getränken. **Zuckerrohr**, die Nummer 5, enthält zuckerhaltigen Saft. Man erhitzt den Sirup so lang, bis alles Wasser verdunstet ist. Beim Abkühlen bleiben Zuckerkristalle zurück.

REISTERRASSEN Ein Reisbauer, der auf den Feldern in schwindelerregender Lage arbeitet, darf keine Höhenangst haben. Die Reisterrassen mit manchmal fast senkrecht aufsteigenden Treppen sind ungefähr 280 km von Vietnams Hauptstadt Hanoi entfernt. Reis ist ein Grundnahrungsmittel und wird überall in Südostasien angebaut. Für die Wirtschaft vieler asiatischer Länder ist der Reisanbau sehr wichtig.

Diese terrassenförmigen Felder im Distrikt Mu Cang Chai im nordöstlichen Vietnam haben Menschen vor Jahrhunderten an den Berghängen angelegt. Mit einfachen Werkzeugen bearbeiteten die Bauern damals jeden Flecken fruchtbaren Landes. Heute liefern die Terrassen einen großen Teil der Reismenge, die im Land verbraucht wird. Die Pflanzen wachsen auf 2000 Hektar und färben sich im Lauf des Jahres von Grün zu Goldgelb. Der Anbau ist noch immer harte Arbeit. An den steilen Hängen kann man kaum Maschinen einsetzen. Nach dem Pflanzen entfernen die Bauern ständig Wildkräuter. In Bambusrohren fließt Wasser aus Bächen in den Bergen zu den Terrassen in den Reisfeldern.

Was ist mit Obst gemeint?

Obst bezieht sich auf Früchte von Bäumen, Sträuchern oder Stauden, die man roh verzehrt. Früchte entwickeln sich aus befruchteten Blüten einer Pflanze. Die Frucht schließt die Samen ein und schützt sie. Die meisten Früchte haben süßes Fleisch, das Menschen und Tieren schmeckt. Die Tiere fressen die Frucht und verbreiten ihre Samen.

Die leckeren Bananen sind bereits praktisch naturverpackt.

Die reife Erdbeere ist rot, damit Tiere sie erkennen, fressen und ihre Samen verbreiten.

Samen ❯ Die meisten fleischigen Früchte wie Kiwis bilden ein leckeres Päckchen, in dem sich die Samen befinden. Fleischige Früchte wechseln oft ihre Farbe, während sie reifen.

Bananen hat man so gezüchtet, dass sie keine Samen mehr enthalten.

Was ist ein Gemüse?

Gemüse nennt man alle essbaren Teile einer meist einjährigen Pflanze, die man gekocht verzehrt. Dazu zählen nahrhafte Wurzeln, dicke Stängel, zarte Knospen und Blätter, aber auch aromatisches Fruchtgemüse. Weil Pflanzen in allen ihren Teilen Nährstoffe herstellen oder speichern, sind sie reich an Vitaminen.

Wurzel ❯ Ein Wurzelgemüse ist ein unterirdischer Pflanzenteil. Oft handelt es sich um den Wintervorrat der Pflanze aus Stärke, Zucker und Vitaminen. Wurzelgemüse enthalten auch viele Ballaststoffe. Sie sind sehr gesund.

Blatt ❯ Ein Blatt stellt Nährstoffe her und liefert uns Energie und Mineralien. Faserstoffe im Blatt sind gut für unsere Verdauung.

Die braunen Samen befinden sich in der Mitte der fleischigen Frucht.

Feigen kann man frisch und getrocknet essen.

Die dünne rote Schale schützt und lockt hungrige Tiere an.

Obst und Gemüse

Essbare Pflanzenteile bezeichnen wir als Obst oder Gemüse. Früchte entwickeln sich aus befruchteten Blüten und enthalten Samen. Obst sind die Früchte von mehrjährigen Pflanzen. Gemüse wird gekocht verzehrt. Dazu zählen Stängel, Blätter, Knospen, Knollen, Wurzeln und Zwiebeln.

Gemüsespargel

Stängel › Ein Stängel transportiert Nährstoffe zu den Wurzeln und von ihnen weg. Er ist voll von Mineralstoffen. Manche Stängel kann man sogar roh essen.

Falsche Früchte und Gemüse

Die Zuordnung, was man als Obst oder Gemüse bezeichnet, ist nicht eindeutig. Rhabarber wird gekocht verzehrt, man ordnet ihn dem Obst zu, doch er wird kultiviert wie Gemüse. Von Tomaten essen wir die Früchte. Weil man sie in der Küche dünstet, zählen sie zum Gemüse.

Vom Rhabarber verzehren wir nur die Blattstiele.

Die Tomate rechnen wir zum Gemüse, sie ist aber eine Frucht.

Wurzelgemüse

Breitblättriges Pfeilkraut

Dieser Trieb *entspringt am Grund eines Teichs.*

Löwenzahn

Mit den bitteren Wurzeln *behandelt man Krankheiten.*

Rote Bete

Der rote Saft *ist eine natürliche Lebensmittelfarbe.*

Speiserübe

Die weiße Rübe *färbt sich violett, wenn sie der Sonne ausgesetzt ist.*

Pastinake

Die Wurzel *schmeckt nach Frost süßer.*

KOLOSSALE KAROTTE

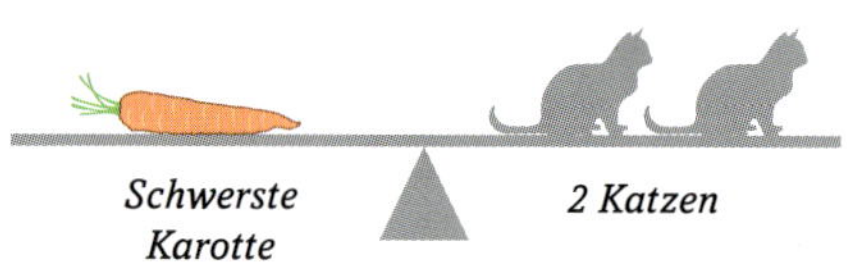

Die schwerste bekannte Karotte der Welt hat 2017 Christopher Qualley in Minnesota (USA) geerntet. Sie wog 10,17 kg, ungefähr so viel wie zwei ausgewachsene Katzen.

Lotoswurzel

Luftkanäle *bilden ein typisches Muster.*

Viele Gemüse, die unter der Erde wachsen, kann man lange Zeit aufbewahren. Deshalb sind sie wichtig, wenn andere Nahrungsmittel knapp sind. In den Knollen sind Nährstoffe gespeichert, die die Pflanze verbraucht, wenn sie im Frühjahr wieder austreibt.

Die meisten Gemüse, die unter der Erde wachsen, wie **Pastinaken**, **Rote Beten**, **Möhren**, **Steckrüben** und **Rettiche** haben dicke Wurzeln. Andere speichern die Nährstoffe auf andere Weise. **Taro** bildet Stängelknollen, während **Lotoswurzeln** umgebildete waagrechte Sprossachsen sind, die man Rhizome nennt.

Kartoffelpflanzen und **Knolliger Sauerklee** bilden Wurzelknollen mit Augen, an denen neue Triebe entspringen können. Viele Wurzelgemüse sind wichtige Nahrungsquellen. **Maniok** kann man auch in trockenem Boden pflanzen, er ist in vielen Teilen Afrikas ein Grundnahrungsmittel. Vom **Löwenzahn** kennt man vor allem die gelben Blumen, aber aus den Wurzeln kann man einen Tee aufbrühen, der sehr gesund ist.

Beeren

Diese weichen Früchte haben eine dünne Schale, saftiges Fruchtfleisch und verschiedene Samen. Die meisten schmecken süß, einige sauer, und alle enthalten jede Menge Vitamine. Wilde Beeren sind schon seit Tausenden von Jahren eine wichtige Nahrungsquelle für die Menschen.

Die meisten Beeren wachsen an Sträuchern, **Maulbeeren**, **Yangmei-Früchte** und **Gojibeeren** aber an Bäumen. **Cranberrys**, bei uns auch Großfrüchtige Moosbeeren genannt, hängen an niedrigen Sträuchern und sind Moorbeetpflanzen. In den USA baut man sie an. Die Felder werden vor der Ernte geflutet. Spezielle

Mit den essbaren ***Blättern*** *kann man eine leckere Füllung umwickeln.*

Bis zu 300 Früchte *bilden einen Fruchtstand.*

Weintrauben

Seit mehr als **8000** Jahren keltern Menschen **Wein** aus Weintrauben.

Ein Yangmei-Baum *trägt im Sommer bis zu 100 kg Früchte.*

Yangmei-Früchte

Die dunkelblauen Beeren *haben bis zu 1,6 cm Durchmesser.*

Heidelbeeren

Die gelben Körner *sind kleine Nüsschen, die an einem fleischigen Blütenboden sitzen.*

Erdbeeren

Maschinen schütteln die Beeren von den Pflanzen, sodass sie nach oben treiben und an der Wasseroberfläche abgeschöpft werden können. In Skandinavien erntet man **Moltebeeren** und **Preiselbeeren**, die meistens an Wildsträuchern wachsen. **Weintrauben** reifen an Rebstöcken. Sie haben verschiedene Farben, von Grün bis Schwarz. Man isst sie frisch, keltert Wein aus ihnen oder trocknet sie als Rosinen. **Erdbeeren** reifen an niedrigen Stauden. Heimische Walderdbeeren sind nur so groß wie Erbsen. Gartenerdbeeren entstanden durch Züchtung mit amerikanischen Arten.

AUF DEM VULKAN Vor Jahrhunderten brachen auf Lanzarote Vulkane aus und bedeckten die Kanarische Insel mit Asche. Deshalb kann man hier keine normale Landwirtschaft betreiben, aber man kann Wein anbauen. Obwohl er vielleicht nicht so aussieht, ist der Ascheboden in der Weinbauregion La Geria sehr fruchtbar. Der nährstoffreiche Boden, die warmen Tage und kalten Nächte sind ideal für die Weintrauben.

Auf der Insel Lanzarote fällt nicht viel Regen, aber der Wein in La Geria wird auf sehr raffinierte Weise angebaut. Dabei gelangt jeder verfügbare Tropfen Feuchtigkeit zu den Pflanzen. Jeder junge Weinstock wird in eine eigene Grube gepflanzt. Regen und Tautropfen fließen in diesen Trichter, sodass die Wurzeln das Wasser aufnehmen können. Eine niedrige halbrunde Steinmauer schützt die Weinrebe vor dem Wind und verhindert so zusätzlich, dass der Boden austrocknet. Diese Methode wenden die Menschen in der Region seit vielen Jahren erfolgreich an. Etwa 10 000 Weinstöcke wachsen im La-Geria-Tal, aus den Trauben wird Rot- und Weißwein gekeltert. Das Gebiet steht unter Naturschutz.

Steinfrüchte

Diese dünnschaligen, festen, oft fleischigen Früchte mit einem harten Kern in der Mitte nennt man Steinfrüchte. Viele wurden so gezüchtet, dass sie größer und saftiger sind als die Früchte der Wildpflanzen, von denen sie abstammen.

Die süßen Früchte der Echten Dattelpalme sind seit Jahrtausenden eine wichtige Nahrungsquelle für Menschen, die in der Wüste leben. Man kann **Datteln** frisch essen, aber auch trocknen und lange Zeit aufbewahren. Das süße, saftige Fleisch der **Pfirsiche** schmeckt sehr gut,

Schlehen

Die kleinen, sauren Früchte *kann man zu Gelee oder Likör verarbeiten.*

Datteln

Datteln erntet man *mit einer Leiter oder mit einem Hubsteiger vom Lkw aus.*

Nektarine

Eine sehr harte Schale *schützt den Samen im Inneren.*

Eine **Dattelpalme** trägt jedes Jahr bis zu **140 kg** Datteln.

Die duftenden Früchte *werden frisch oder getrocknet gegessen.*

Aprikose

Aus dem bitteren Fruchtfleisch *kann man Marmelade kochen.*

Haferpflaume

aber manche Menschen mögen die pelzige Schale nicht und bevorzugen glattschalige **Nektarinen**. Einige Steinfrüchte sind nicht süß: **Schlehen** muss man mit viel Zucker einkochen. Das Fleisch von **Oliven** ist dagegen hart und bitter. Man presst es, um das gelblich grüne und gesunde Olivenöl zu gewinnen. **Mandeln** kultiviert man wegen ihrer essbaren Samen oft in Plantagen. Man kann auch die ganze unreife grüne Frucht essen, die pelzig ist und einen weichen Samen enthält.

Zitrusfrüchte

Pomelo

***Das Fleisch** schmeckt ähnlich wie das einer Grapefruit, nur süßer.*

Buddhas Hand

***Diese handähnliche Frucht** riecht wie eine Mischung aus Zitrone und Lavendel.*

Blutorange

***Nach dem roten Fruchtfleisch** ist diese Orange benannt.*

Orange

***Aus einer Orange** kann man etwa ein Drittel Glas Saft pressen.*

Zitrusfrüchte sind sogenannte Panzerbeeren mit saftigem Fleisch und einer dicken Schale. Die Früchte aus dieser Familie schmecken sauer oder säuerlich und enthalten viele Vitamine. Sie stammen aus Asien und werden heute weltweit in den Tropen angebaut.

Wissenschaftler glauben, dass die vielen verschiedenen Zitrusfrüchte, die man heute kaufen kann, auf nur drei Ursprungspflanzen zurückgehen: die **Pampelmuse**, die **Mandarine** und die **Zitrone**. Heute machen Orangen mehr als die Hälfte aller Zitrusfrüchte aus, die weltweit angebaut

werden. Sie enthalten viel Zitronensäure, daher ihr typischer Geschmack. **Zitronen** und **Limetten** enthalten am meisten davon. **Buddhas Hand** hat nur wenig essbares Fruchtfleisch, aber sie liefert Öle für Parfüms und ist eine beliebte Gabe in buddhistischen Tempeln. Die Schalen der meisten Zitrusfrüchte sind zäh und bitter und das Fruchtfleisch saftig. Die **Kumquat** bildet eine Ausnahme: Sie hat eine süße Schale und bitteres Fleisch. Die **Tangelo** ist eine Kreuzung aus Orange und Grapefruit mit sehr saftigem, süßem Fleisch und runzeliger, duftender Schale.

Tropenfrüchte

***Die stachelige Schale** schützt das gelbe Fruchtfleisch.*

Ananas

***Jede Frucht** enthält etwa 250 essbare Samen.*

Passionsfrucht

***Es gibt süße und saure** Sorten der Sternfrucht.*

Sternfrucht

***Die langen weichen Stacheln** färben sich rot oder gelb, wenn die Frucht reif ist.*

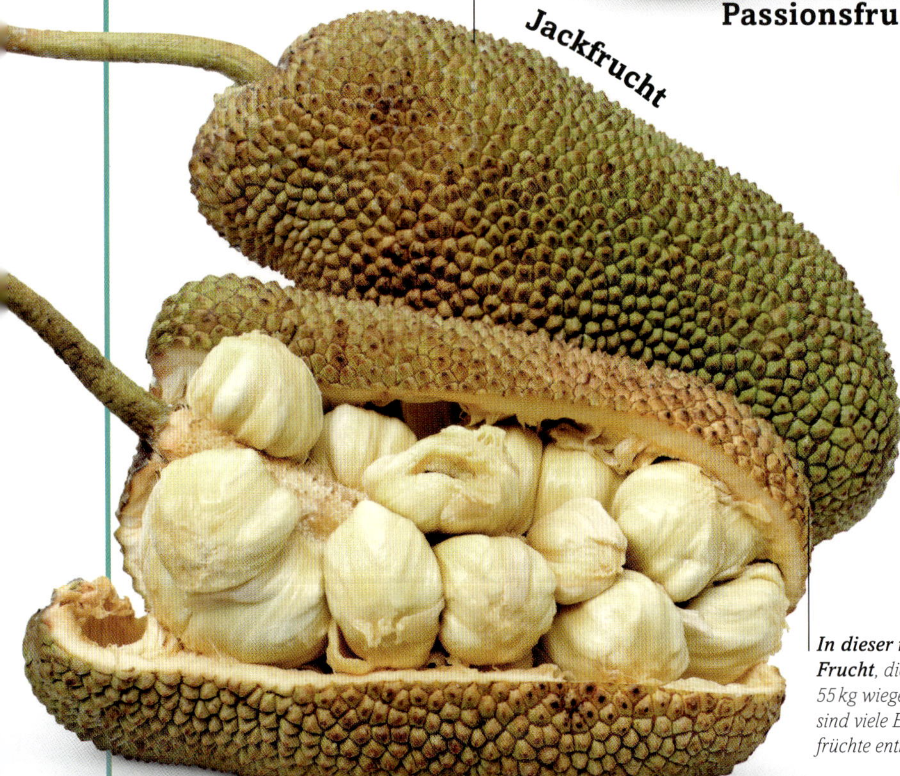

***Die größte Baumfrucht der Welt,** kann bis zu 90 cm lang werden.*

Jackfrucht

***In dieser riesigen Frucht**, die bis zu 55 kg wiegen kann, sind viele Einzelfrüchte enthalten.*

***Wie einen Apfel** isst man diese Frucht meistens.*

Kakifrucht

***Die süßen Früchte** enthalten scharfe Samen, die man zum Würzen verwenden kann.*

Papaya

Tropische Früchte gibt es in vielen unterschiedlichen Formen, Größen, Farben und Geschmäckern. Sie alle wachsen in warmen, feuchten Gegenden rund um den Globus und werden heute in die ganze Welt transportiert.

All die tropischen Früchte, die hier abgebildet sind, isst man meistens roh und im Ganzen. Viele kann man aber auch anders verwerten. Aus **Ananas** und **Passionsfrüchten** wird z. B. oft Saft gepresst, die **Rambutan** und die **Guave** verarbeitet man zu Konfitüre. Die **Jackfrucht**

Rambutan

In der haarigen Schale ist das essbare weiße Fruchtfleisch eingeschlossen.

Ein **Rambutanbaum** trägt mehr als **6000** Früchte pro Jahr.

Das Fruchtfleisch schmeckt ähnlich wie das einer Kiwi.

Drachenfrucht

Breiapfel

Das saftige Fleisch ist körnig und schmeckt nach Karamell.

Guave

Wie eine Mischung aus Birne und Erdbeere schmeckt dieses Fruchtfleisch.

Durianfrucht

Die Durian schmeckt nach Vanillepudding mit einem Hauch Zwiebel.

Mangostane

Die weißen Segmente sind süß und würzig.

Litschi

Die Schale ist ungenießbar.

In der Frucht befindet sich ein großer ovaler Kern.

hat eine faserige Konsistenz, deshalb ist sie zu einem beliebten Fleischersatz für Vegetarier und Veganer geworden. **Sternfrüchte** und **Papayas** verleihen asiatischen Gerichten ein süßes Aroma. **Kakifrüchte** in Smoothies und Nachspeisen schmecken sehr ungewöhnlich, und **Litschi-Sirup** ist zu Eiscreme lecker. Die übel riechende **Durianfrucht** hat einen einzigartigen Geschmack, den manche Menschen lieben und andere verabscheuen. Man nennt sie in Asien sogar den „König der Früchte“ und bereitet Süßigkeiten, Kuchen und Eiscreme aus ihr zu.

Fabelhafte Melonen

Diese große Honigmelone *schmeckt süß und leicht scharf. Man nennt sie auch die „Königin der Melonen“.*

Honigmelone 'Crenshaw'

Wie eine Gurke *schmeckt diese mexikanische Melone, die so groß wie eine Grapefruit wird.*

Mexikanische Minimelone

Die kleinen gestreiften Früchte *passen in eine Hand.*

Tigger-Melone

Etwa 92 Prozent Wasser *enthält diese Melone.*

Wassermelone

Gacfrucht

Reif hat diese Melone *eine stachelige Schale, gelbes Fleisch und schleimige rote Samen.*

Die seltene indische Melone *ist hübsch gestreift und hat duftendes Fleisch.*

Kajari-Melone

Melonen sind die süßen Verwandten von Gurken und Kürbissen. Es gibt sie in vielen Formen, Größen, Geschmäckern und Farben. Hunderte verschiedener Sorten gedeihen am besten in warmen Regionen mit ausreichend Wasser.

Die saftigen Früchte stammen ursprünglich aus Afrika und dem Nahen Osten, aber heute isst man sie auf der ganzen Welt. Sie wachsen an rankenden Pflanzen und haben eine robuste Schale. Es gibt zwei Typen: süße Melonen und Wassermelonen. Zu den süßen Melonen gehören

Aus unreifen warzigen ***Bittermelonen*** *bereitet man in Asien viele Gerichte.*

Bittermelone

ANBAU IN AQUAPONIK

Als Aquaponik bezeichnet man die Kultur von Pflanzen in einer Flüssigkeit mit Nährstoffen. Auf diese Weise kann man mehr Nahrungsmittel produzieren als beim Anbau der Pflanzen im Boden, denn die Temperatur, das Licht und die Nährstoffe werden genau reguliert. Für Melonen, die sehr viel Wasser brauchen, ist das eine gute Methode.

Das orangegelbe Fruchtfleisch *ist eine gute Vitaminquelle.*

Charentais-Melone

Yubari-King-Melone

2016 bezahlte man in Japan *für nur zwei dieser seltenen Früchte fast 24 000 Euro.*

Das süße grüne Fleisch *ist von einer dicken Schale umgeben.*

Honigmelone

Samt ihrer Schale *kann man diese Melone essen.*

Koreanische Melone

Diese Melone *ist ungewöhnlich lange Zeit haltbar.*

Futuro-Melone

Wie eine Mischung *aus Banane und Gurke schmeckt das geleeartige Fruchtfleisch.*

Hornmelone

Honigmelonen, **Charentais-Melonen**, **Kajari-Melonen, Koreanische Melonen**, **Tigger-Melonen**, **Futuro-Melonen**, **Yubari-King-Melonen** und die meisten anderen Früchte, die oben abgebildet sind. Auch die seltsam aussehende **Hornmelone**, eine wichtige Nahrungs- und Wasserquelle in der afrikanischen Kalahari-Wüste, und die stachelige **Gacfrucht** aus Südostasien sind Verwandte. Am häufigsten wird die **Wassermelone** angebaut. Im Schnitt wiegt sie etwa 10 kg, aber den Rekord hält bisher eine 159 kg schwere Frucht.

Nüsse

Mandeln

***In den Samen** sind jede Menge Fasern, Eiweiße und gesunde Fette enthalten.*

Haselnüsse

Baumhasel

***Im riesigen Fruchtbecher** ist nur die Spitze der Nuss zu sehen.*

Pistazien

***Beim Reifen** färbt sich die anfangs grüne Schale beigebraun und springt dann mit einem „Plopp“ auf.*

Macadamianüsse

***Keine anderen Nüsse** haben so unglaublich harte Schalen.*

Walnuss

***Die harte Schale** enthält den Samen, der an ein Gehirn erinnert.*

Kokosnuss

***Die hohlen Samen** sind weiß und in der Mitte befindet sich Kokosmilch.*

ECHT UND UNECHT

Eine echte Nuss ist eine Frucht mit harter, holziger Schale, die einen Samen enthält. Falsche Nüsse sind anders aufgebaut.

Die Schale ist die äußerste harte Schicht der Frucht.

Eichel (echte Nuss)

Dies ist nur ein Samen, keine ganze Frucht.

Paranuss (falsche Nuss)

Harte Schalen, die einen Samen enthalten, bezeichnen wir als Nüsse. Für Botaniker ist das aber oft nicht richtig, denn eine Nuss ist ein ganz bestimmter Fruchttyp. Meistens ist das, was wir als Nuss bezeichnen, genau genommen der Samen einer Frucht.

Seit Hunderttausenden von Jahren essen die Menschen Nüsse. Sie sind nahrhaft, denn sie enthalten viele Fette und Eiweiße. Außerdem verfaulen sie nicht so schnell, deshalb lagerten die Menschen Nüsse früher als Wintervorräte ein. Oft ist das, was wir Nuss nennen, der Samen

Cashewfrüchte

Die Stiele schwellen an*, wenn die Frucht reift.*

Ein giftiges Harz *in der Schale kann die Haut reizen.*

Cashewnüsse

In der Mulde im Stein *knackten Menschen vor etwa 10 000 Jahren Nussschalen und zerrieben das Innere.*

Erdnuss

Eine dünne rotbraune Schale *umhüllt die helle Erdnuss.*

Uralter Nussknacker

Paranuss

Nur Vögel *mit kräftigen Schnäbeln können die harten Schalen knacken.*

Esskastanie

Die stachelige Schale *schützt bis zu drei Kastanien.*

Die Nüsse schmecken *nach Butter.*

Pekannuss

Pinienzapfen

Pinienkerne *schmecken harzig.*

einer Steinfrucht. Dazu gehören **Mandeln**, **Pistazien**, **Kokosnüsse**, **Walnüsse**, **Pekannüsse** und **Cashewnüsse**. **Pinienkerne** sind die Samen, die sich in Pinienzapfen entwickeln. Sehr ungewöhnlich sind **Erdnüsse**. Nach der Bestäubung senkt die Erdnussblüte ihren Blütenstiel in den Boden. Dort bildet sich eine Hülse, die bis zu vier Samen enthält: die Erdnüsse. Unter den hier abgebildeten sind nur diese echte Nüsse: **Haselnüsse**, **Walnüsse**, **Pekannüsse** und **Esskastanien**. Der Teil, den wir essen, ist der Samen, der von einer robusten Schale umgeben ist.

Blattgemüse

Typisch violettrot sind die Blätter dieser Pflanze gefärbt.

Radicchio

Buttersalat

Dies ist eine der bekanntesten Salatvarianten.

Wirsing

Die faserigen, runzeligen Blätter behalten beim Kochen ihre Form.

Rucola

Die scharfen Blätter machen Salate würziger.

Rosenkohl

Die Röschen sind genau genommen Blattknospen.

Buntstieliger Mangold

In dieser bunten Pflanze sind viel Vitamin K und andere Nährstoffe enthalten.

Vitamin K unterstützt die **Heilung** von Wunden.

Wir kennen ungefähr 2500 Pflanzen, deren Blätter man essen kann. Sie alle schmecken mehr oder weniger gut. Während wir viele Blattgemüse roh als Salat essen, bereitet man aus anderen auf der ganzen Welt unzählige verschiedene Gerichte zu. Diese essbaren Blätter enthalten viele Nährstoffe und sind ein wichtiger Teil einer gesunden Ernährung.

Grünkohl

Nach dem Frost *werden die bitteren Blätter süßer.*

Die Blätter *kann man roh essen oder kurz dünsten.*

Pak Choi

Rotkohl

Rotkohlblätter sind süßer *und fester als die von Weißkohl.*

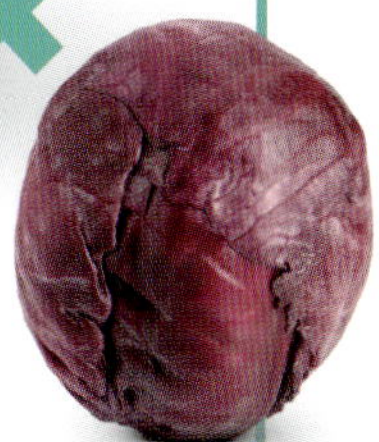

Dicht gepackter Kohlkopf

Spinat

Die zarten Blätter *fallen beim Kochen in sich zusammen.*

Diese Wildpflanze *wächst in Bächen.*

Echte Brunnenkresse

Endiviensalat

Die inneren Blätter *sind hell, weil sie kaum Licht abbekommen.*

RIESIGER KOHLKOPF

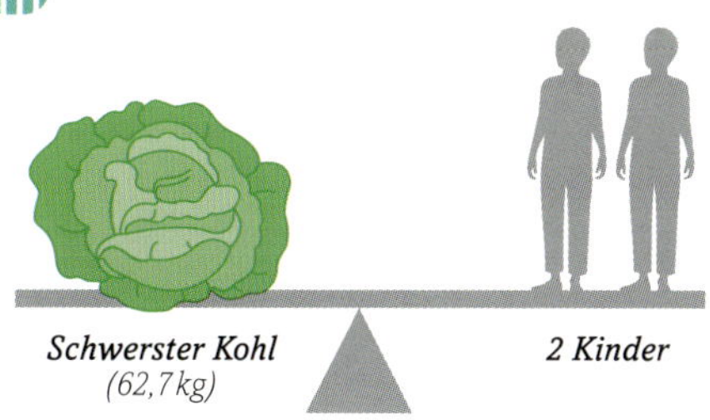

Der schwerste Kohlkopf, von dem man weiß, wog 62,7 kg, ungefähr so viel wie zwei Grundschüler. Man erntete ihn 2012 in Alaska (USA).

Seit Jahrtausenden kultivieren Menschen Blattgemüse, um neue Sorten zu züchten, die ergiebiger sind oder interessanter schmecken. Das Ergebnis dieser allmählichen Veränderungen kann man hier sehen: **Rosenkohl**, **Wirsing**, **Grünkohl**, **Rotkohl** und **Brokkoli** wurden z. B. aus derselben Pflanzenart ausgelesen. Man hat den Kohl züchterisch verändert. Mal sind die Blätter größer, mal trägt die Pflanze mehr Knospen und mal sind die Blattstiele dicker. Die Kohlsorten sind außerdem unterschiedlich gefärbt. Auch der **buntstielige Mangold** und der **Radicchio** sind das Ergebnis sorgfältiger Auslese. Der **Buttersalat** wurde aus einer Wildpflanze gezüchtet, die bereits die alten Ägypter anbauten, um Öl aus Samen zu gewinnen.

Hülsenfrüchte

Goabohne

Entlang der essbaren Hülse *wachsen wellige Flügel.*

Limabohne

Diese hellen Bohnen *sind butterweich.*

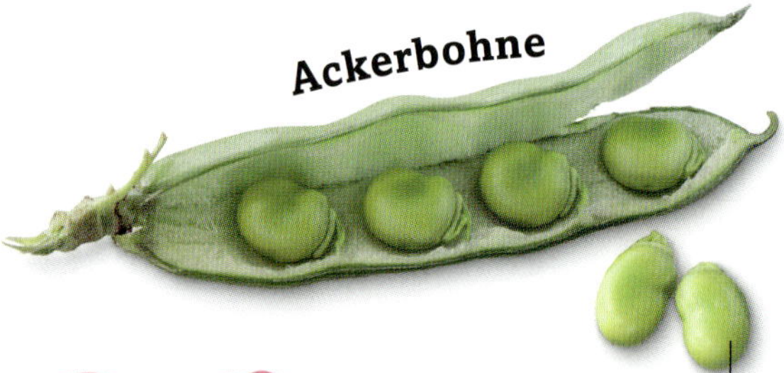

Ackerbohne

Die flachen Bohnen *werden bis zu 2,5 cm lang.*

Linse

Jede kleine Hülse *enthält zwei scheibenförmige Samen.*

Linsen sind reich *an Vitaminen und Mineralstoffen.*

Feuerbohne

Die violettrosa Bohnen *und die Hülsen sind ein beliebtes Gemüse.*

Adzukibohne

Bis zu 14 Bohnen *entwickeln sich in jeder Hülse.*

Augenbohne

Die dunklen Flecken *verliehen der Bohne ihren Namen.*

KICHERERBSENBERG

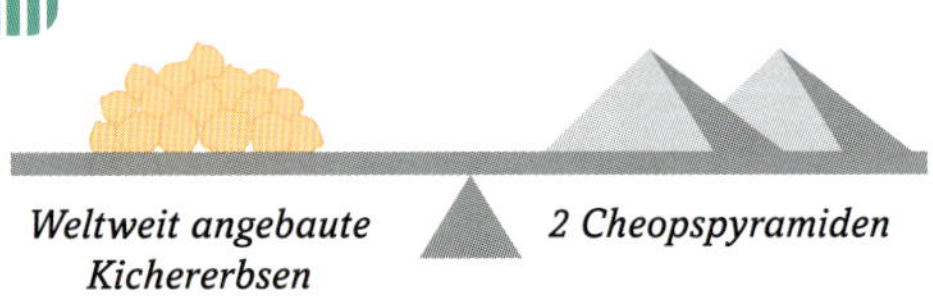

2016 wurden weltweit unglaubliche 12,1 Mio. Tonnen Kichererbsen angebaut, die meisten davon in Indien. Die Ernte wog doppelt so viel wie die Cheopspyramide in Gizeh, Ägypten, die 5,9 Mio. Tonnen wiegt.

Kichererbse

Nur zwei oder drei *essbare Samen bilden sich in jeder Hülse.*

Erbsen, Bohnen und Linsen nennen wir Hülsenfrüchte. Sie enthalten viel Eiweiß, Ballaststoffe und Nährstoffe. Menschen auf der ganzen Erde essen sie seit Jahrtausenden. Heute werden in Indien die meisten Hülsenfrüchte angebaut und gegessen, vor allem Linsen.

Menschen begannen Hülsenfrüchte anzubauen, weil man ihre Samen für Zeiten der Nahrungsknappheit trocknen und aufbewahren kann. Linsen gehören zu den ältesten Kulturpflanzen. Archäologen haben herausgefunden, dass Menschen bereits vor 13 000 Jahren in Griechenland Linsen aßen, und bei Ausgrabungen in der Türkei

fand man 7500 Jahre alte Kichererbsen. Heute essen wir die grünen Hülsen von **Goabohnen**, **Garten- und Feuerbohnen**, **Zuckererbsen** und natürlich die Samen. **Acker-**, **Lima-** und **Borlottibohnen** enthalten ebenfalls Samen, die gut schmecken und viel Eiweiß enthalten. **Sojabohnen** dienen als Viehfutter, zur Ölgewinnung oder um Nahrungsmittel wie Tofu herzustellen. **Teparybohnen** aus Mexiko eignen sich für den Anbau in trockenen, warmen Ländern. Man muss alle Bohnen kochen, denn roh können sie giftige Eiweiße enthalten.

Kürbisse und Gurken

Dieser gestreifte ***Kürbis*** *kann 50cm lang werden.*

Cushaw-Kürbis

Grüner Speisekürbis

Die essbaren Samen *enthalten viel Zink und sind deshalb gesund.*

Nach dem gekrümmten Hals *ist diese amerikanische Sorte benannt.*

Schwanenhals-Kürbis

Die runden Früchte *färben sich orange, wenn sie reif sind.*

Riesenkürbis

REKORDKÜRBIS

Schwerster Kürbis (1190,49 kg)
Kleinwagen

Der schwerste Kürbis, den man kennt, wurde im Jahr 2016 geerntet. Er wog 1190,49 kg und damit ungefähr so viel wie ein Kleinwagen.

Obwohl wir sie meistens als Gemüse oder im Salat essen, sind Kürbisse und Gurken eigentlich die Früchte von kriechenden Pflanzen aus der Familie der Kürbisgewächse. Es gibt viele Sorten und manche haben ausgesprochen seltsame Formen.

Fast alle Kürbisarten stammen aus Mittel- und Südamerika, aber heute pflanzt man sie auf der ganzen Welt an, vor allem in Indien und China. Die großen, fleischigen Früchte sind reich an Vitaminen. Bei Kürbissen mit orangefarbenem und gelbem Fleisch ist der Vitamingehalt

besonders hoch, wie beim **Grünen Speisekürbis** und **Hokkaido-Kürbis**. Meistens bereitet man aus dem Kürbisfleisch herzhafte Gerichte zu. Süßere Sorten, wie **Riesenkürbis** und **Butternut-Kürbis**, kann man auch als Hauptzutat für einen Kuchen verwenden. **Gurken** isst man meistens roh als Salat oder eingelegt. Die essbaren **Patisson-Kürbisse** ergeben eine beliebte Herbstdekoration, während andere Kürbisse mit harter Schale getrocknet und zu Schüsseln, Flaschen und Musikinstrumenten verarbeitet werden, wie Rasseln, Flöten und Trommeln.

EIN KÜRBISRENNEN In riesigen Kürbissen paddeln die Teilnehmer der Tualatin-Pumpkin-Regatta in Oregon (USA) über einen See. Solche Wettbewerbe finden im Herbst statt und sind beliebt, nicht nur in den USA, sondern auch in Kanada und Europa. Aus Kürbissen kann man gut Boote machen, denn sie sind bereits innen hohl. Man muss sie nur so bearbeiten, dass Platz für den Ruderer entsteht.

Manche Kürbissorten können aus ihren gelben Blüten riesengroß anschwellende Früchte entwickeln. Einige haben mehr als 4m Umfang und wiegen über 450kg. Bei der Tualatin-Regatta tragen die Teilnehmer verrückte Kostüme und Schwimmwesten. Sie rudern in ihren Kürbissen 90m weit und wieder zurück. Kürbisse sind auch bei anderen Festen ein großes Thema.

Amerikanische Familien feiern zusammen das Erntedankfest, das „Thanksgiving" genannt wird. Traditionell isst man dann „Pumpkin Pie", einen Gemüsekuchen mit Kürbis. Zu Halloween am 31. Oktober höhlen Kinder in vielen Ländern Kürbisse aus, schnitzen Fratzen als Gesichter hinein und beleuchten sie mit Kerzen. Diese Kürbisse sollen böse Geister vertreiben.

Knollen und Sprosse

Ernte der Palmherzen

Die Rinde der ***Pfirsichpalme wird entfernt****, sodass das Innere des Sprosses freiliegt.*

Palmherzen

Cardy

Man isst die Blattstiele*, nachdem man die Blätter entfernt hat.*

Speisezwiebel

Wenn du eine Zwiebel schneidest*, werden chemische Stoffe frei, die deine Augen tränen lassen.*

Knollensellerie

Die dicke Knolle *schmeckt intensiv und kann 15 cm im Durchmesser haben.*

Rhabarber

Oft werden die Blattstiele *mit Zucker zu Kompott eingekocht.*

RIESENZWIEBEL

In England wurde 2014 die größte Zwiebel geerntet, die jemals angepflanzt wurde. Sie wog 8,5 kg, ungefähr so viel wie ein durchschnittlicher Mops.

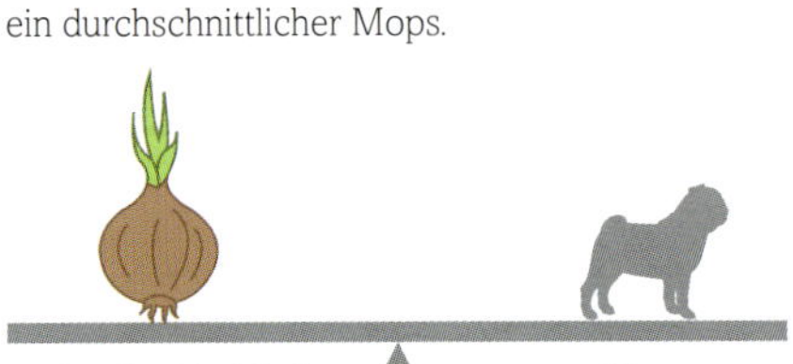

Lauch

Im Boden *bleibt der untere Pflanzenteil weiß.*

Spargel

Die Triebspitzen des Spargels *kommen im Frühling aus der Erde.*

Viele Pflanzen bilden in der wärmeren Jahreszeit Nährstoffe und speichern sie in Knollen, Zwiebeln oder Stängeln. Deshalb sind diese Gemüse eine wertvolle Nahrungsquelle für die Wintermonate. Wir essen sie seit Jahrtausenden.

Speisezwiebeln haben verdickte Speicherblätter, während **Spargel** und **Kohlrabi** verdickte Stängel sind. Sie schmecken am besten, wenn man sie jung und zart isst. Andere Gemüsearten, wie

Bis zu 20 Zehen wachsen nah beieinander.

Knoblauch

Der verdickte Stängel schmeckt ähnlich wie Brokkoli, nur süßer.

Kohlrabi

Der Geschmack von Blättern, Knolle und Samen erinnert an Lakritze.

Fenchel

Der Anbau von Wasserkastanien geschieht auf **überfluteten Feldern**.

In China bereitet man diese Knollen häufig zu.

Wasserkastanie

Die kegelförmigen zarten Sprosse sind in Asien sehr beliebt.

Bambus-sprossen

Zu Fischgerichten sind die Triebe dieser Küstenpflanze eine Delikatesse.

Europäischer Queller

Rhabarber und **Cardy**, sind die Blattstiele der Pflanze, während die Blätter selbst nicht essbar sind. Die Knolle des **Fenchels** besteht aus verdickten Speicherblättern. Bei verschiedenen Arten von **Bambus** isst man die Triebspitzen (Bambussprossen). Bei der Ernte wird die Pflanze nicht zerstört. Bambustriebe enthalten aber Giftstoffe, deshalb muss man sie kochen, bevor man sie isst. Die Bildungsgewebe im Stamm und in den Blättern von Palmenarten, wie der **Pfirsichpalme** werden geerntet. Man nennt sie Palmherzen. **Europäischer Queller** wächst an der Meeresküste. Man kann seine Triebe roh oder gekocht essen.

UNSER LEBEN MIT PFLANZEN

Mensch und Pflanze

Früher jagten die Menschen Wildtiere und sammelten Beeren, Samen, Muscheln und andere Meerestiere. Vor etwa 12 000 Jahren lebten im Fruchtbaren Halbmond, einer Region im Nahen Osten, die ersten Menschen als Bauern. Sie ließen sich nieder und lernten, Nutzpflanzen auszusäen und zu ernten. Außerdem hielten sie verschiedene Tiere.

Wie Pflanzen verändert wurden

Die Menschen haben viele Pflanzen kultiviert. Die Wildpflanze, aus der der Mais gezüchtet wurde, heißt Teosinte. Sie bildet nur ein paar Körner. Bauern bemerkten, dass einige der Teosinte-Pflanzen mehr und weichere Körner trugen. Die säten sie wieder aus. Mit der Zeit züchteten sie Sorten mit großen Maiskolben.

Aussaat ❯ Jahrtausendelang säten Menschen Samen mit der Hand aus. Hier lenkt ein Mann einen Pflug, während die Frau die Samen in die Ackerfurche streut.

Moderne Landwirtschaft

Heute bauen wir gezüchtete Pflanzen an und moderne Maschinen helfen uns bei der Aussaat und der Ernte. Deshalb geht alles viel schneller und einfacher. In den letzten Jahrhunderten ist die Bevölkerung enorm schnell gewachsen – und sie wächst immer weiter. Die moderne Landwirtschaft muss die vielen Menschen ernähren.

Damit man ein Feld mit einer Maschine abernten kann, müssen die Pflanzen gleichzeitig reifen und ähnlich hoch wachsen.

Erntemaschine

Andere Verwendungen

Medizin
Mit über 50 000 Pflanzen lindert und heilt man weltweit Krankheiten.

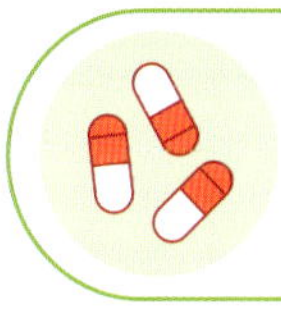

Kosmetikprodukte
Viele Inhaltsstoffe von Pflanzen, die duften oder der Haut guttun, sind in Shampoos, Cremes und Parfüms enthalten.

Möbel
Bäume liefern uns Holz für Möbel. Wir müssen die Wälder nachhaltig nutzen, sodass die Bäume wieder nachwachsen.

Papier
Das meiste Papier stammt von Bäumen. Aus Holz und Wasser stellt man eine Pulpe (Masse) her, die man zu Bögen presst.

Baumaterial
Holz ist ein beliebtes Material zum Bau von Gebäuden, denn es ist stabil und umweltfreundlich, außerdem isoliert es gut.

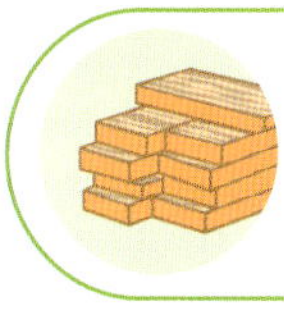

Kleidung
Aus den Samenhaaren der Baumwollpflanze und den Fasern von Lein, Hanf und Bambus stellen wir Stoffe her.

Musikinstrumente
Einige Hölzer bringen schöne Klänge hervor. Seit Jahrhunderten werden sie zu Musikinstrumenten verarbeitet.

Landwirtschaft im alten Ägypten

Im alten Ägypten begannen die Menschen, an den Ufern des Nils Landwirtschaft zu betreiben. Jeden Sommer überschwemmte der Nil das Land, und der Schlamm, der zurückblieb, war nährstoffreich. Hier pflanzten die Ägypter Weizen, Gerste und Gemüse an.

Nutztiere ziehen den Pflug › Frühe Pflüge wurden noch von Menschen gezogen. Die Ägypter waren die Ersten, die wilde Rinder zähmten. Sie setzten sie ein, um schwerere Pflüge zu ziehen, die den Boden vor der Aussaat aufbrachen.

Gewürze

Die jungen Früchte des Pimentbaums sind grün und färben sich in der Sonne braun.

Piment

Getrocknete Beeren

Sesamsamen schmecken nussig. In Asien und im Nahen Osten sind sie häufige Speisezutaten.

Sesam

Getrocknete Samen

Kreuzkümmel

Jede Kapselfrucht entwickelt einen Samen.

Getrocknete Früchte

Kurkuma

Die Rhizome werden zu einem gelben Pulver zermahlen.

Wasabi

Wasabi oder Japanischer Meerrettich schmeckt sehr scharf.

Paste

Die roten Früchte enthalten Capsaicin. Diese chemische Verbindung erzeugt bei uns ein Gefühl der Hitze und Schärfe.

Chilischoten

Echter Sternanis

Dieses Gewürz erinnert an Lakritze.

Getrocknete Früchte

Frische Kurkuma-Wurzel und getrocknetes Pulver

Ohne Gewürze aus getrockneten Samen, Früchten, Wurzeln oder Rinde wäre unser Essen nicht besonders schmackhaft. Seit Jahrtausenden geben die Menschen ihren Gerichten Gewürze bei, damit sie aromatischer, haltbarer und bunter werden. Einige Gewürzpflanzen, wie Kurkuma und Ingwer, dienen außerdem als Heilpflanzen.

Getrocknete Samen

In der indischen Küche verwendet man Bockshornklee häufig.

Bockshornklee

Die Senfkörner werden zermahlen und zu einer scharfen Paste verarbeitet.

Getrocknete Körner

Senf

Vanilleschoten sind eigentlich Kapseln und werden bis 15 cm lang.

Vanille

Getrocknete Vanilleschoten

Zimternte

Die innere Rinde des Zimtbaums wird geerntet und in Stücke geschnitten.

Zimtstangen

Ingwer

Die unterirdischen Rhizome schmecken scharf und würzig.

Die unreifen Früchte werden gekocht und getrocknet.

Getrocknete Früchte

Schwarzer Pfeffer

Kein Gewürz wird in so großen Mengen gehandelt wie **Schwarzer Pfeffer**.

Jede Kapselfrucht enthält ungefähr ein Dutzend Samen.

Getrocknete Kapselfrüchte

Grüner Kardamom

Der rote Samenmantel wird ebenfalls als Gewürz verwendet. Man nennt es „Muskatblüte".

Muskatnuss

Getrocknete Samen

Die roten Narben der Blüten werden von Hand geerntet.

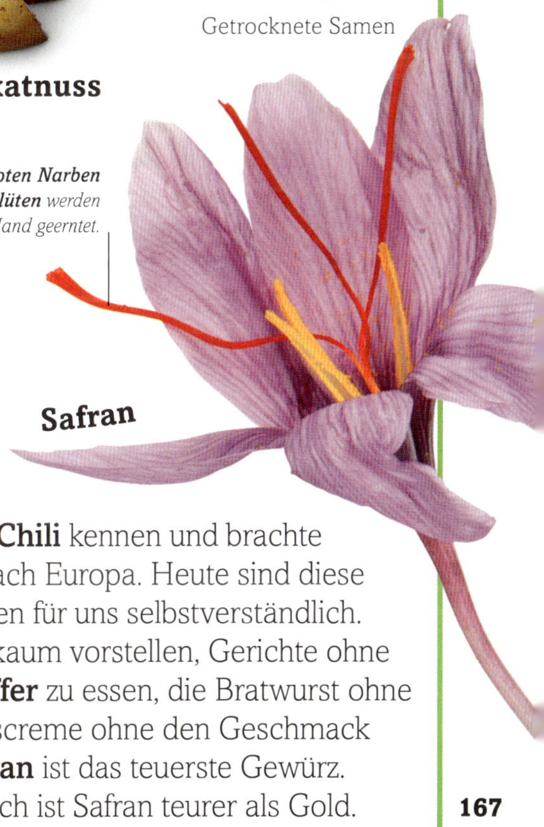
Safran

Viele Gewürze stammen von tropischen Pflanzen aus Ostasien. Wir schätzen ihren Geschmack und würzen unser Essen mit ihnen. Weil die Nachfrage nach Gewürzen groß war, segelten europäische Entdecker und Händler im 15. und 16. Jahrhundert über die Weltmeere. Der italienische Seefahrer Christoph Kolumbus erreichte die Karibischen Inseln, als er eine neue Handelsroute nach Indien suchte. Er lernte **Chili** kennen und brachte dieses Gewürz nach Europa. Heute sind diese exotischen Zutaten für uns selbstverständlich. Wir können uns kaum vorstellen, Gerichte ohne **Schwarzen Pfeffer** zu essen, die Bratwurst ohne **Senf** oder die Eiscreme ohne den Geschmack der **Vanille**. **Safran** ist das teuerste Gewürz. Dem Gewicht nach ist Safran teurer als Gold.

Hilfreiche Kräuter

Im Volksglauben galten Plätze, an denen wilder **Thymian** wuchs, als verzaubert.

MUMIEN

Im alten Ägypten wurden die Toten mumifiziert, damit ihre Körper erhalten blieben. Man wusch den toten Körper und balsamierte ihn ein. Dann umwickelte man ihn mit Leinenbinden und steckte Kräuter dazwischen, etwa Thymian und Minze. Die frischen Düfte dieser Pflanzen waren den Ägyptern heilig.

Kräuter verleihen unserem Essen Geschmack und Parfüms ihren Duft. Mit vielen lassen sich Krankheiten behandeln. Andere haben würzige Blätter oder Blüten, die man essen kann. Kräuter bewahren wir getrocknet auf.

Seit alter Zeit verwenden die Menschen Kräuter. Im antiken Griechenland glaubte man, dass **Thymian** bei Vergiftungen hilft und **Rosmarin** gut für das Gedächtnis ist. Während Prüfungen steckten sich Schüler Rosmarinzweige ins Haar. Im Mittelalter

gab es in den europäischen Klöstern Kräutergärten. Die Mönche pflanzten **Echten Salbei** als Heilkraut und um ihre Zähne damit zu putzen. Der wissenschaftliche Name *Salvia* kommt aus dem Lateinischen und bedeutet: „Mir geht es gut." Auch **Oregano** ist eine Heilpflanze. In der Chinesischen Medizin behandelt man mit ihm Verdauungsprobleme. Die moderne Wissenschaft konnte einige Wirkungen von Kräutern belegen: Das Öl der **Pfefferminze** tötet z. B. Mückenlarven ab und Rosmarin ist tatsächlich gut für das Gedächtnis.

Produkte aus Pflanzen

Pflanzen liefern uns viele Materialien, die wir jeden Tag verwenden. Aus Baumstämmen sägen wir Bretter und Balken oder verarbeiten sie zu Papier. Holz enthält auch Harz für Farben und Lacke. Beeren und Blätter enthalten Farbstoffe und aus Pflanzenfasern kann man unter anderem Textilien herstellen. Einige Pflanzen sind vielseitig verwendbar. In Malaysia nennt man die Kokospalme den „Baum der tausend Nutzen“.

Früchte ❯ Die Früchte enthalten Samen, die wir Kokosnüsse nennen. In der harten Schale befindet sich das essbare weiße Fruchtfleisch.

Die Kokosmilch im Inneren des reifen Samens ist ein nährstoffreiches Getränk.

Man kann Gegenstände wie diesen Becher aus der Kokosschale herstellen.

Seile aus den Fasern der Umhüllung der Kokosnuss sind stabil.

Kokosöl, das aus dem Fruchtfleisch gepresst wurde, kann man zum Braten und Backen verwenden.

Die Stämme sind gutes Bauholz, denn sie verrotten lange Zeit nicht.

Stamm ❯ Kokospalmen können bis 30 m hoch werden. Die schlanken Stämme sind sehr biegsam und brechen auch bei Stürmen nicht so leicht ab.

Musikinstrumente wie diese Pahu, eine hawaiianische Trommel, fertigt man aus den Palmstämmen an.

Die männliche Blüte öffnet sich, verstreut ihren Pollen und fällt innerhalb eines Tages ab.

Palmzucker wird aus dem süßen Saft der Blütenstände gewonnen.

Blüten ❯ Die Blütenstände der Kokosnuss sind groß. Männliche Blüten öffnen sich oben, weibliche an der Basis. Beide bilden süßen Nektar, um Insekten anzulocken.

Besen macht man aus der harten Mittelrippe der Blätter.

Die Blätter können 1,8 m breit sein.

Körbe kann man aus Kokosblättern flechten.

Blätter ❯ Ausgewachsene Kokospalmen haben etwa 35 Blätter. Jedes entfaltet sich aus einer einzigen Knospe oben am Baum. Die Blätter werden bis 6 m lang.

Andere Pflanzenprodukte

Baumwolle
An den Samen der Baumwollpflanze hängen weiße Fasern. In der Natur verwehen sie mit dem Wind. Man kann die Fasern von den Samen lösen und zu Garn verspinnen.

Garn

Hanf
Dies war eine der ersten Pflanzen, aus denen Menschen Kleidung anfertigten. Aus langen Fasern im Stängel kann man Fäden spinnen und zu Stoffen oder Schnüren weiterverarbeiten.

Schnur

Kork
Die Borke der Korkeiche wird zu Flaschenkorken, Fußbodenbelägen und vielen anderen Dingen verarbeitet. Sie bildet sich langsam nach, man erntet sie nur alle 10 Jahre.

Korken

Die Borke wurde abgeschält.

Gummi
In den Kautschukstamm wird eine Furche geschnitten. Dann fängt man den Saft auf, der heraustropft. Aus Naturkautschuk kann man Gummihandschuhe, Schuhsohlen und Reifen herstellen.

Reifen

BEDROHTER WALD Nebel steigt in der erhitzten Luft über einem Bergregenwald auf, dem Leuser-Ökosystem auf der indonesischen Insel Sumatra. Zwischen den dichten Kronen ragen die höchsten Urwaldriesen 45 bis 60 m hoch auf. Dieser einzigartige Lebensraum ist das letzte Refugium, in dem Sumatra-Orang-Utans, Tiger, Elefanten und Nashörner in freier Natur zusammenleben.

Tropische Regenwälder bedecken etwa 6% der Landflächen der Erde. Sie bilden jedoch 40% des Sauerstoffs in der Atmosphäre, deshalb nennt man sie die Lungen der Erde. Das Leuser-Ökosystem erstreckt sich über 26 300 km², das ist knapp ein Zehntel der Fläche Deutschlands. Die Regenwälder Indonesiens schrumpfen jedoch schnell. Man rodet sie, um Platz für Palmölplantagen, Wasserkraftwerke und Farmen zu schaffen. Weil die Nachfrage nach Holz zum Bauen und zur Papierherstellung gestiegen ist, werden immer mehr Bäume illegal gefällt. Viele Pflanzen- und Tierarten, die sonst nirgendwo vorkommen, sind vom Aussterben bedroht. Mit dem Roden zerstören wir unsere eigene Lebensgrundlage.

Natürlich schön

Ylang-Ylang-Blüten

Die gelben Blüten *duften exotisch.*

Hennablätter werden gemahlen *und zu einer Paste verarbeitet. Man kann mit ihr Haare färben sowie Hände und Füße verzieren.*

Henna

Mit einem Henna-Muster verzierte Hand

Sandelholz

Mit der duftenden Paste *aus Sandelholz kann man die Haut reinigen.*

Parfüm

Gurken

Extrakte aus Gurken *sind oft in Hautpflegeprodukten enthalten.*

Jojobaöl

Das goldgelbe Öl *wird aus den Samen des Jojobastrauchs gewonnen.*

Seit Jahrtausenden verwenden Menschen Pflanzenprodukte, um schöner auszusehen und gut zu riechen. Diese sind auch heute sehr begehrt, denn viele Leute bevorzugen natürliche Produkte anstelle solcher, die künstlich hergestellt wurden.

Aus vielen verschiedenen Pflanzenteilen stellt man Kosmetikprodukte her. Die Blüten des **Echten Lavendels** und des **Ylang-Ylang-Baums** enthalten Duftstoffe für Parfüms. **Sandelholz** duftet aromatisch, tötet Bakterien ab und hat eine heilsame Wirkung auf uns.

Während man die Samen des **Sheanussbaums**, des **Arganbaums** und des **Kakaobaums** rösten muss, um das Öl zu gewinnen, das sie enthalten, kann man die Samen des **Jojobastrauchs** roh pressen. Die Blätter des **Hennastrauchs** werden getrocknet und gemahlen. Sie enthalten einen orangebraunen Farbstoff. Der Saft in den dicken, stacheligen Blättern der **Echten Aloe** hilft nicht nur bei Verbrennungen, sondern befeuchtet die Haut. Die ägyptische Königin Kleopatra verdankte ihre Schönheit angeblich auch dieser Pflanze.

Pflanzen der Welt

***Auf australischen Briefmarken** ist die Nationalpflanze abgebildet.*

Gold-Akazie
(Australien)

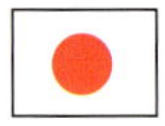

***Auf der 100-Yen-Münze** sind Kirschblüten dargestellt, die man in Japan in jedem Frühling mit einem Fest feiert.*

Kirschblüten
(Japan)

***Das Blau der Nationalblume** findet sich auf Flagge Estlands wieder. Es steht für Meer, Himmel und Seen.*

Kornblume
(Estland)

Cattleya-Orchidee
(Brasilien)

***Die riesigen Blüten** haben bis zu 20 cm Durchmesser.*

***Die gelben Staubblätter** sind für diese Wildblume typisch.*

Tibet-Scheinmohn
(Bhutan)

Kaffeestrauch
(Äthiopien)

***Arabica-Kaffee** stammt aus Äthiopien.*

***Die Pflanze** mit den prächtigen Blüten ist in Simbabwe geschützt.*

Ruhmeskrone (Simbabwe)

***Das Ahornblatt** ist ein Symbol für Einigkeit, Frieden und Toleranz.*

Ahorn
(Kanada)

Echter Roseneibisch
(Südkorea)

***Diese Blüte** wird „mugunghwa“ genannt, die „Blüte, die niemals verwelkt“.*

***Ein Kranz aus Jasmin**, der Nationalblume Pakistans, duftet süß.*

Jasmin
(Pakistan)

In vielen Ländern der Erde spielen bestimmte Pflanzen eine wichtige Rolle. Blumen oder Bäume sind Nationalpflanzen, weil sie eine besondere kulturelle oder spirituelle Bedeutung für die Menschen der Region haben.

Einige Länder haben eine schöne Blüte ausgewählt, die ihre Nation repräsentieren soll, wie die ***Cattleya*-Orchidee** Brasiliens und die **Ruhmeskrone** Simbabwes. In Australien wird am „Wattle Day“, dem 1. September, die **Gold-Akazie** gefeiert,

***Einer Legende nach** bereitete man im Jahr 2737 v. Chr. in China den ersten Tee aus Blättern des Teestrauchs zu.*

Teestrauch
(China)

Iris
(Frankreich)

***Die Blüten** der Kletterpflanze öffnen sich von März bis Mai.*

Chilenische Wachsglocke
(Chile)

***Irisblüten** waren das Vorbild für die Bourbonenlilie, das Symbol der französischen Könige.*

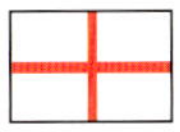

***Die Rose** war das Symbol des englischen Königshauses und wurde später die Nationalblume.*

Rose
(England)

***In der kegelförmigen Mitte** sind die Samen eingebettet.*

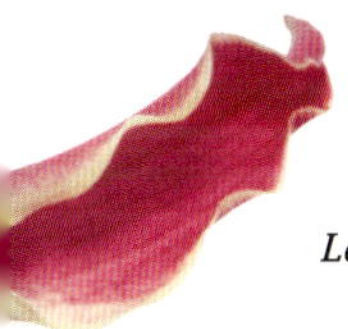

***Die Blüten des Lavendels** sind während des Sommers in ganz Portugal zu sehen.*

Lavendel
(Portugal)

In Portugal heißt es, Lavendel würde **böse Geister** vertreiben.

***Die Lotosblume** ist in Indien heilig und ein Symbol für Reinheit und Anmut.*

Lotosblume
(Indien)

die in ganz Südaustralien blüht und ein Zeichen des Frühlings ist. Die Nationalblume des Bhutan, der **Tibet-Scheinmohn**, ist so selten, dass man ihn einst für einen Mythos hielt und auch den „blauen Yeti“ nennt. Der Nationalbaum Kanadas, der **Ahorn**, aus dem man Ahornsirup gewinnt, wächst in allen Provinzen, das Blatt ist auf der kanadischen Flagge dargestellt. Das Land, an das man bei **Tee** zuerst denkt, ist China. China gilt als der größte Teeproduzent. Indien hat als Nationalblume die **Lotosblume**. Hindu-Götter werden oft mit der heiligen Blume abgebildet.

Wissenschaft

Obwohl Menschen schon immer auf Pflanzen angewiesen waren, erforscht man sie erst seit etwa 2500 Jahren wissenschaftlich. Frühe Forscher beschrieben die Heilwirkungen von Pflanzen. Spätere Botaniker untersuchten, wie Pflanzen leben und wachsen.

350 v. Chr.

Theophrast, ein Schüler des griechischen Philosophen Aristoteles, ist der Erste, der die Pflanzen aus reinem Interesse erforscht.

um 1200

Der arabische Wissenschaftler Ibn al-Baitar verfasst ein Werk, in dem er 1400 Pflanzen und ihre Bedeutung als Nahrungsmittel und Heilpflanzen erläutert.

Ibn al-Baitar beeinflusste die mittelalterlichen Gelehrten, die über Pflanzen schrieben.

um 1600

Die Aquaponik wird erstmals beschrieben. Man kultiviert hier Pflanzen in einer mit Nährstoffen angereicherten Flüssigkeit. So kann man auf wenig Platz viel Nahrung anbauen. Heute ist die Methode weit verbreitet.

60 n. Chr.

Der griechische Botaniker Pedanius Dioscorides schreibt *De Materia Medica*, ein Buch über Heilpflanzen, das in den nächsten 1500 Jahren verwendet wird.

***Den Botanischen Garten** gibt es noch heute.*

1545

Der erste botanische Garten, der *Orto Botanico di Padova*, wird in Padua (Italien) angelegt. Man pflanzt Heilpflanzen an, über deren Verwendung an der Universität gelehrt wird.

1561

Die Pflanze *Cordia sebestena* ist nach dem deutschen Botaniker Valerius Cordus benannt. Er beschreibt in dem Buch *Historia Plantarum*, das 1561 veröffentlicht wird, Pflanzenmerkmale und die Heilwirkung bestimmter Pflanzenteile.

1753

Der schwedische Botaniker Carl von Linné veröffentlicht *Species Plantarum*, in dem er ein System zur wissenschaftlichen Benennung von Pflanzen begründet.

***Im Buch** sind 5940 Pflanzen beschrieben, die man damals kannte.*

1789

Der englische Naturforscher Gilbert White beschreibt, welche Pflanzenarten zu welcher Jahreszeit blühen. Heute nutzen Forscher seine Erkenntnisse, um zu untersuchen, wie sich der Klimawandel auf die Blütezeiten auswirkt.

Es dauert normalerweise Jahrtausende, bis Plastik sich zersetzt. Man hat jedoch „Bioplastik“ aus Pflanzen entwickelt, das sich im Kompost viel rascher zersetzt.

um 1800

Der österreichische Mönch Gregor Mendel untersucht an Erbsenpflanzen, wie Merkmale vererbt werden. Wie bei Menschen stammt bei einer Pflanze ein Teil der Merkmale von einer Mutterpflanze und der andere Teil von einer Vaterpflanze.

1838

Der deutsche Botaniker Matthias Jacob Schleiden erläutert, dass alle Pflanzen aus winzigen Einheiten bestehen, die man Zellen nennt. Er gehört somit zu den Begründern der Zelltheorie.

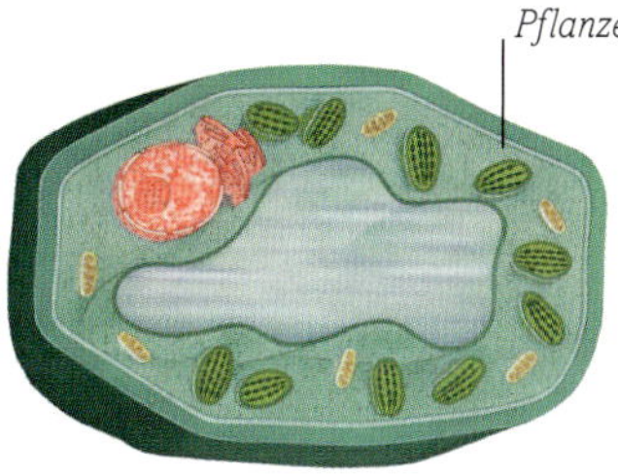

Pflanzenzelle

um 1950

Der amerikanische Wissenschaftler Norman Borlaug entwickelt eine niedrige Weizensorte, die gegen Krankheiten resistent ist. Die Sorte ernährt Milliarden Menschen. Vor 1950 wurden hohe Weizenpflanzen mit schweren Ähren oft vor der Ernte bei Stürmen umgeweht.

1983

Die amerikanische Forscherin Barbara McClintock erhält 1983 den Nobelpreis für ihre Forschung zur Vererbung von Merkmalen bei Maiskörnern. Ihre Arbeit hat zu anderen wichtigen Entdeckungen in der Genetik beigetragen.

***Jedes Maiskorn** am Kolben ist einzigartig und sieht anders aus als alle anderen.*

2008

Auf Spitzbergen wird 2008 der „Svalbard Global Seed Vault“ gebaut. Dort werden Samen aus aller Welt für den Fall aufbewahrt, dass wir sie sie in Zukunft brauchen.

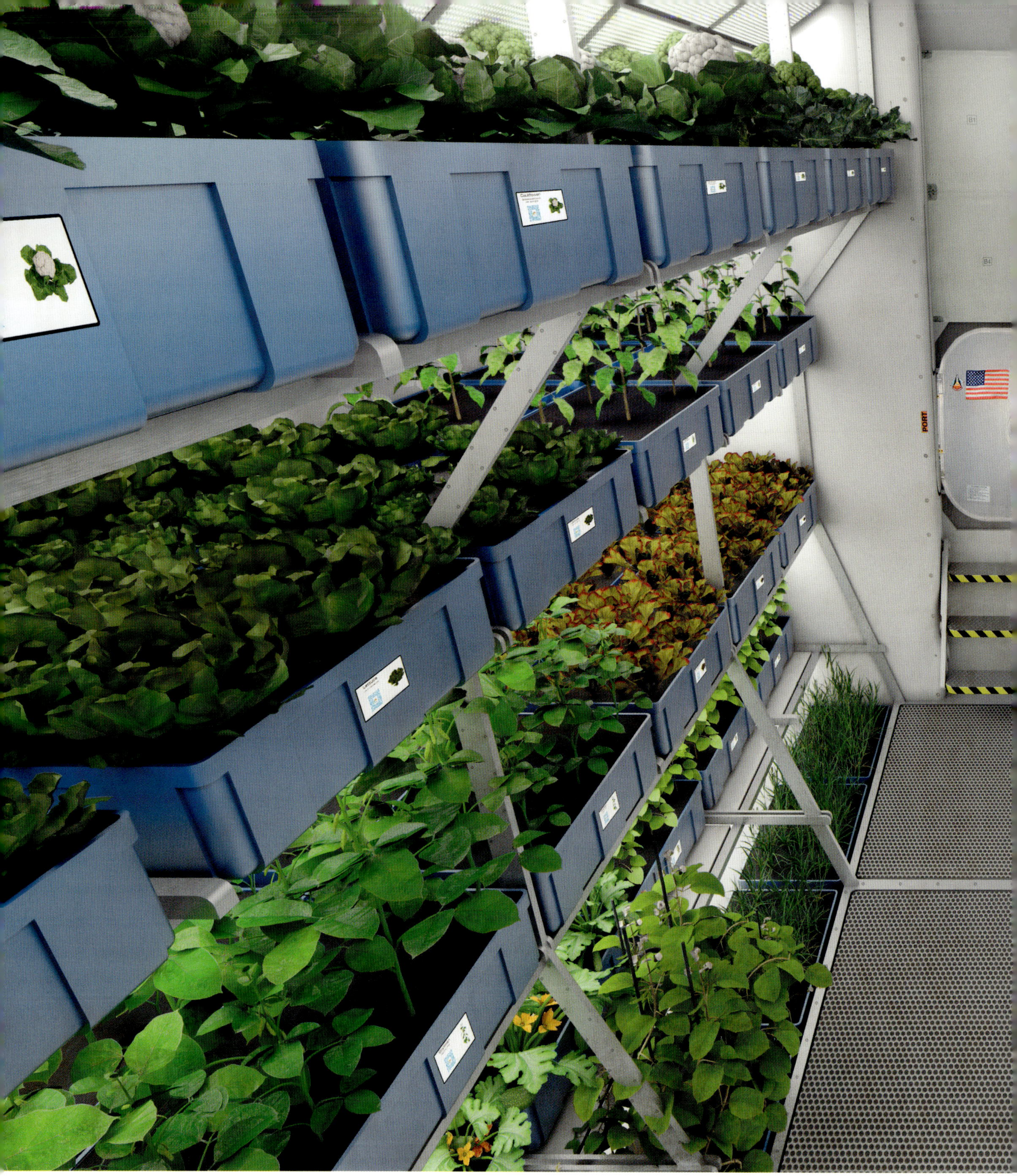

GARTEN IM ALL

Während Jahrmillionen der Evolution haben sich die Pflanzen perfekt an das Leben auf der Erde angepasst, mit Sicherheit jedoch nicht an ein Leben im Weltraum. Die Pflanzen, die hier zu sehen sind, befinden sich jedoch genau dort. Die Besatzung der Internationalen Raumstation (ISS) führt hier ein Experiment durch. Die Astronauten ziehen frisches Gemüse, um sich im All gesünder zu ernähren.

Alle Pflanzen nehmen ihre Umgebung sehr sensibel und genau wahr. Die Wurzeln wachsen auf Wasser zu und die Stängel in die Richtung, aus der das meiste Licht kommt. Sie reagieren auch auf die Schwerkraft, die auf sie wirkt, und wachsen in die entgegengesetzte Richtung. Weil das künstliche Licht in diesem Raum von oben kommt, wachsen diese Pflanzen nach oben wie Pflanzen auf der Erde. Sie werden mit Wasser versorgt, das alle lebenswichtigen Nährstoffe enthält. Die Mitglieder der Besatzung atmen Kohlenstoffdioxid aus, aus dem das Gemüse die Stoffe herstellen kann, die es für sein Wachstum braucht. Dabei setzen die Pflanzen Sauerstoff frei, der die Luftqualität in der Raumstation verbessert.

Glossar

Algen
Diese einfachen Pflanzen besitzen Zellen mit Zellkern. Die meisten leben im Wasser, wie Grün- und Braunalgen. Sie betreiben Fotosynthese und stellen ihre Aufbaustoffe selbst her. Ihr einfacher Körper, Thallus genannt, ist nicht in Spross, Blätter und Wurzeln unterteilt.

Atemwurzeln
Wurzeln eines Baums, der im Sumpf oder Schlamm verankert ist. Eine Atemwurzel wächst senkrecht aus dem Boden empor, sodass der Baum mit ihr Sauerstoff aufnehmen kann.

Aufsitzerpflanze
Eine Pflanze, die auf einer anderen Pflanze wächst, ihr jedoch keine Nährstoffe abzapft (anders als eine Schmarotzerpflanze). Aufsitzerpflanzen nennt man auch Epiphyten.

Befruchtung
Die Verschmelzung einer männlichen Samenzelle mit einer weiblichen Eizelle. Daraus geht eine neue Pflanze hervor.

Bestäuber
Ein Tier, das Pollen von einer Blüte zur nächsten transportiert, sodass sich Früchte bilden können, die Samen enthalten. Das kann eine Biene, ein Nachtfalter, ein Vogel oder eine Fledermaus sein.

Bestäubung
Die Übertragung von Pollenkörnern von den männlichen Blütenteilen einer Blüte zu den weiblichen Blütenteilen einer anderen. Nach der Bestäubung können sich Samen entwickeln.

Biokraftstoff
Ein Kraftstoff, der aus Pflanzenteilen oder Tiermist gewonnen wird.

Blütenblätter
Oft sind die Blütenblätter sehr auffällig gefärbt, um Insekten oder Vögel als Bestäuber anzulocken.

Blütenstand
Bei vielen Arten bilden mehrere oder viele Blüten einen Blütenstand.

Bonsai
Ein Baum oder Strauch, der in einem Topf gezogen und beschnitten wird, sodass er sehr klein bleibt. Diese Kunst wurde in Japan entwickelt.

Borke
Diese äußerste Rindenschicht von Baumstämmen und Ästen besteht aus abgestorbenen Zellen.

Brettwurzeln
Solche rippenartigen Wurzeln entspringen unten an einem Baumstamm und stützen ihn zusätzlich.

Chlorophyll
Der grüne Farbstoff in den Zellen einer Pflanze, der die Energie des Sonnenlichts nutzen kann und die Fotosynthese möglich macht. Man spricht auch von Blattgrün.

Einkeimblättrige Pflanze
Bei einkeimblättrigen Pflanzen ist im Embryo im Samen nur ein Keimblatt angelegt. Es entfaltet sich, wenn der Samen keimt.

Flechten
Diese Lebewesen bilden eine Lebensgemeinschaft aus einem Pilz und einer Grünalge oder einem Pilz und einem Cyanobakterium.

Fotosynthese
Bei diesem Prozess stellt die Pflanze mithilfe der Energie des Sonnenlichts aus Wasser im Boden und Kohlenstoffdioxid in der Luft Nähr- und Aufbaustoffe her.

Hauptwurzel
Eine dicke Wurzel in der Mitte des Wurzelwerks, die senkrecht nach unten wächst.

Hochblatt
Ein spezielles Blatt oberhalb der normalen Blätter einer Pflanze. Hochblätter sind manchmal bunt gefärbt, um Bestäuber zur Blüte zu locken.

Immergrüne Pflanze
Eine Pflanze, die ihr Laub im ganzen Jahr nicht abwirft.

Keimblätter
Der Embryo im Samen einer Blütenpflanze besitzt ein oder zwei Keimblätter, in denen Nährstoffe gespeichert sind.

Keimung
Der Vorgang, bei dem aus einem Samen eine junge Pflanze heranwächst.

Kelchblatt
Diese Blätter sind oft grün und umschließen die geschlossene Blütenknospe, bevor sich die Blüte entfaltet.

Kletterpflanze
Eine Pflanze, die an anderen Pflanzen, Mauern oder Zäunen emporklettert und sich mit Ranken bzw. Haftorganen festhält.

Knolle
Ein verdickter, meist unterirdischer Pflanzenteil, in dem Nährstoffe gespeichert sind.

Knoten
An solchen oft verdickten Stellen am Stängel können Blätter oder Blüten entspringen.

Korkpore
Eine kleine Pore in einem Baumstamm, die den Austausch der Gase zwischen der Pflanze und ihrer Umgebung ermöglicht.

Kronenregion
Dicht belaubte Äste von Bäumen bilden hoch über dem Erdboden die Kronenregion eines Waldes.

Luftwurzel
Eine Wurzel, die dem Stiel oder Stamm der Pflanze über dem Erdboden entspringt und in der Luft hängt.

Nadelbaum
Ein meist immergrüner Baum mit nadelförmigen Blättern. Nadelbäume tragen Zapfen, in denen sich die Samen entwickeln.

Narbe
Der weibliche Teil einer Blüte.

Nektar
Viele Blüten bilden diese zuckerhaltige Flüssigkeit, um Tiere als Bestäuber anzulocken.

Pflanze
Ein Lebewesen, wie ein Moos oder ein Baum, das Fotosynthese betreibt und so seine eigenen Nähr- und Aufbaustoffe herstellt.

Pilz
Zum Reich der Pilze gehören z. B. Champignons, Fliegenpilze und Hefepilze. Pilze sind näher mit den Tieren als mit den Pflanzen verwandt.

Pollen
Winzige Körner, die die männlichen Samenzellen einer Samenpflanze enthalten. Sie befruchten die weiblichen Eizellen, sodass sich Samen bilden können.

Ranke
Teile der Blätter oder Stängel können bei Kletterpflanzen zu Ranken umgebildet sein. Damit hält sich die Pflanze an Dingen in der Umgebung fest, indem sie sie umschlingt.

Rhizom
Ein unterirdischer Spross, der waagrecht wächst und an dem senkrechte Triebe und die Wurzeln entspringen.

Rinde
Die Rinde bildet die äußerste Schicht von Wurzeln, Ästen, Stämmen und Zweigen verholzter Pflanzen. Ganz außen befindet sich die Borke.

Samenbildung
Nachdem eine Blüte bestäubt wurde, kann sich eine Frucht bilden, die einen oder mehrere Samen enthält.

Schmarotzerpflanze
Eine Pflanze, die auf oder in einer anderen Pflanze lebt und ihr Nährstoffe entzieht. Man spricht auch von parasitischer Pflanze.

Sporen
Mit diesen winzigen Gebilden vermehren sich blütenlose Pflanzen wie Farne und Moose.

Staubblatt
Der männliche Teil einer Blüte, in dem sich der Pollen bildet.

Steinfrucht
Eine meist fleischige Frucht, wie eine Pflaume oder Kirsche. Der verholzte Kern enthält den Samen.

Wedel
Die Blätter eines Farns. Meist sind sie aus kleineren Fiedern zusammengesetzt.

Wirtspflanze
Eine Pflanze, der von einer Schmarotzerpflanze Nährstoffe abgezapft werden.

Wurzelhaar
Ein winziger haarähnlicher Auswuchs der Wurzel. Wegen der Wurzelhaare, die ihre Oberfläche vergrößern, kann die Pflanze viel Wasser und viele Nährsalze aufnehmen.

Zusammengesetztes Blatt
Ein Blatt, das aus einzelnen getrennten Abschnitten zusammengesetzt ist.

Zweikeimblättrige Pflanze
Bei zweikeimblättrigen Pflanzen sind im Embryo im Samen zwei Keimblätter angelegt. Sie entfalten sich, wenn der Samen keimt.

Zwiebel
Eine Zwiebel wächst unter der Erde und besteht aus fleischigen Blättern, in denen Nährstoffe gespeichert sind.

Pflanzennamen

In diesem Buch sind die deutschen Pflanzennamen angegeben (außer bei fremdländischen Pflanzen, die keinen deutschen Namen haben). Wenn Botaniker auf der ganzen Welt sich über Pflanzen unterhalten, verwenden sie die wissenschaftlichen Namen, damit es keine Verwechslungen gibt. Diese Namen sind oft aus dem Lateinischen abgeleitet. Ein Artname besteht immer aus zwei Teilen. Der erste ist der Name der Pflanzengattung, der zweite bezieht sich auf die spezielle Art.

A

B

C

D–E

F–G

H–I–J

K

L–M

N–O

P–Q–R

S–T

U–V–W

Y–Z

Register

N

O

P

Q–R

S

L

M

T–U

V

W–Y

Z

Dank und Bildnachweis

Dorling Kindersley dankt den folgenden Mitarbeitern und Mitarbeiterinnen: Ann Baggaley, Shatarupa Chaudhari, Andrew Korah, Sarah MacCleod, Sai Prasanna, Isha Sharma, Mark Silas und Fleur Star für die Lektoratsassistenz; Noopur Dalal, Vidushi Gupta, Nidhi Mehra und Nidhi Rastogi für die Design-Assistenz; Nimesh Agrawal für die Assistenz bei der Bildrecherche; Anita Yadav für die DTP-Assistenz; Elizabeth Wise für das Erstellen des Registers und John Woodward für seine Texte.

Der Verlag dankt folgenden Personen und Organisationen für die freundliche Genehmigung zum Abdruck von Fotos:

(Abkürzungen: o = oben, u = unten m = Mitte, g = ganz, l = links, r = rechts)

123RF.com: Annieeagle 157um, Ariadna126 78um, Zvonimir Atletic 57gol, Atm2003 167mro, Bbtreesubmission 130um, Belchonock 166m (Wasabi-Soße), 175ml, Maksym Bondarchuk 111mlu, Martin Damen 117gor, Yaroslav Domnitsky 24um, 25gor (Mariendistel), Easterbunnyuk 175mr (Busch), Richard Griffin 80um, Steven Heap 16l, Alfred Hofer 126ul, Ruttawee Jaigunta 100um, Joemat 167mr, Natthakan Jommanee 150m, Venus Kaewyoo 1, 36–37go, Karandaev 170mr, Koosen 22om (Sonnenblumenkerne), Vita Kosova 143r, Magone 138m, Maksym Narodenko 135om, 138um, Noppharat Manakul 154gol, Angel Luis Simon Martin 142mru (grüne Mandeln), Andrey Milkin 131r, Pusit Nimnakorn 149gor, Olegdudko 134om (Kiwi), PaylessImages 149mr, Puripat penpun 57gom, pierivb 127mru, Teera Pittayanurak 170um (Kokospalme), D rebha 166mru, rook76 176mlu, Natalie Ruffing 111m, David Schliepp 22mlo, Alfio Scisetti 76mlo, SHS PHOTOGRAPHY 109ur, Andrey Shupilo 17ur, Genadijs Stirans 151ml, Phadungsak Suphorn 131ml, Nanthawan Suwanthong 6ur, 169gol, Dmitriy Syechin 113gor, Poramet Thathong 149om, Oksana Tkachuk 101mro, utima 135gor, Phong Giap Van 151um, Bjoern Wylezich 149mru, Svetlana Yefimkina 37mru, Yurakp 139ml (Erdbeeren), Иван Ульяновский 10mro (Bärlapp), 47mr (Bärlapp); **Alamy Stock Photo:** RosaIreneBetancourt 7 60mr, AB Historic 179um, Afripics 22um, All Canada Photos 70mro, 122m, Archive PL 48um, Arco Images GmbH 25gor, 101gor, Arterra Picture Library 6gor, 25om, 104om, Bill Lea / Dembinsky Photo Associates 123r, Bruce Montagne / Dembinsky Photo Associates 36mru, Auscape International Pty Ltd 60ml, Avalon / Photoshot License 24ul, 58m, 107m, Steven Bade 161gom, Robert Biedermann 87m, Biosphoto 100–101go, 102mlu, Blickwinkel 48mr, 49mru, 53gol, 75um, 79mru, 87ur, 185gol, Joe Blossom 69mlo, Sebastien Bonaime 5um, 116um, 186–187u, Mark Boulton 111gom, Buiten-Beeld 15um (Kapokbaum), Nigel Cattlin 20–21u, 28um, 47mru, 87mr, 127um, Robert Clare 102gol, Jim Clark 122mr, Mark Collinson 41ul, Collpicto 52om, Connection One 118mlu, Rob Crandall 104ml, 184ul, Custom Life Science Images 41mro, Jolanta Dąbrowska 49ul, 131l, Ethan Daniels 25ml, Universal Images Group North America LLC / DeAgostini 27gol, 92m, 128mro, Danita Delimont 91mro, Douglas Peebles Photography 91mru, Joel Douillet 75gom, 185mr, Stuart Fawbert 53um, Florapix 60mlu, 78mlu, Flowers and Gardens by Jan Smith Photography 113um, Shawn Hempel - Food 131om, Frans Lanting Studio 119gol, Stephen French 137gor, Jon G Fuller 68gol, Tim Gainey 86ur, Bob Gibbons 59r, 60mlu (Afrogelbholz), 102um (Efeu-Sommerwurz), 105gol, James Hackland 83r, Peter J. Hatcher 25mru, Urs Hauenstein 79gom, David Hayes 78mlo, Hemis 171mru, Heritage Image Partnership Ltd, 178ul, HHelene 43um, Historic Images 179ul, Thomas Kyhn Rovsing Hjørnet 87ul, Friedrich von Hörsten 79um, D. Hurst 179mro, Rachel Husband 138om, imageBROKER 28um, 59m, 79m, 93m, 105gom, 110um, 120–121, imageBROKER / Guenter Fischer 71l, Johner Images 81mru, Kyselova Inna 153m, Interfoto 167m, blickwinkel / Jagel 60um, 100m, Juniors Bildarchiv GmbH 105mr, Steven J. Kazlowski 92mlu, Tamara Kulikova 36mlo, Andrii Kutsenko 176um (Hibiskus), Hervé Lenain 113m, Shih-Hao Liao 117mlu, Pete Oxford / Nature Picture Library 18–19, Steve Gschmeissner / Science Photo Library 42um, Margery Maskell 46–47um, mauritius images GmbH 82ul, 108–109go, 117mr, Pamela Maxwell 131ul, Buddy Mays 152ul, MCLA Collection 170um, McPhoto / Diez 156mlo, Melba Photo Agency 26mlo, MNS Photo 166mlo, Hilary Morgan 178m, Robert Murray 81um, Irina Naoumova 59om, Jatesada Natayo 78m, National Geographic Image Collection 15om, 119om, Natural Visions 123um, Nature Photographers Ltd. 70um, Nature Photographers Ltd. / Paul R. Sterry 113mlu, blickwinkel / McPHOTO / NBT 61m, Neftali 177gor, SK Hasan Ali / Alamy Live News 157gol, Dean Nixon 41um, NPS Photo 105gor, Jose Okolo 105mru, Onehundred Percent 81ul, George Ostertag 11om, 103gom, 112mru, 113mo, Panther Media GmbH 76um, 87um, Picture Partners 101m, Stefano Paterna 101mr, James Peake 71ur, Thomas David Pinzer 78mru, Premium Stock Photography GmbH 117m, Steve Pridgeon 102m, Reda & Co Srl 52um, Ian Redding 161um, George Reszeter 25um, RF Company 129ul, robert-harding / Jack Jackson 164–165u, RZAF_Images 40m, Kjell Sandved 176um, David Sewell 24gol, shapencolour 95um, Shoot Froot 142mru, Antonio Siwiak 76om, Southeast Asia 103mru, Inga Spence 144gor, 188gor, Steve Allen Travel Photography 40l, Hans Stuessi 22mo (Ballonrebe), 22om (Ringelblumensamen), 22om (Samen), Phillip Thomas 107mro, Travelstock44 91mr, Colin Varndell 83ul, Tom Viggars 80l, 81r, Dave Watts 68mru, 183ul, Jonny White 176mlu, Wildlife Gmbh 6gom, 10mlo, 10gmlo, 56, 57ul, 58om, 59gol, 83cra, 101mru, 154om, Michael Willis 103l, Robert Wyatt 76mr, Zoonar GmbH 111mru; **Barcroft Studios:** Mark Graves / Oregonian Media Group 158–159; **Keith Bradley:** 119um; **Depositphotos Inc:** AgaveStudio 157om, Ajafoto 143mru, Antpkr 170ml, dabjola 87um (Blutweiderich), Dbtale 22mlu (Avocado), Kolesnikovserg 143mlu, 182gor, levkro 117mlu, Miiisha 139ml (Weintrauben), msk_nina | 5gor, 138gor, Photomaru 142om, Sumners 174um (Parfüm), Nadja_77.Tut.by 155r, vvoennyy 33mlu, ZlataMarka 130mro; **John Doebley:** Hugh Iltis, aus John Doebley's Image Gallery 164mlu; **Dorling Kindersley:** Mark Winwood / Hampton Court Flower Show 2014 74mr, Colin Keates / Natural History Museum, London 51ur, Gary Ombler: Green and Gorgeous Flower Farm 169gor, Frome & District Agricultural Society 134mru, Gary Ombler / Royal Botanic Gardens, Kew 11mlo, Jeremy Gray 12mlu, Josef Hlasek 49ur, Frank Greenaway / Natural History Museum, London 69ml, Mark Winwood / Downderry Nursery 177um, Peter Anderson / RHS 124–125m, Will Heap / Mike Rose 124gom, 182ul, Gary Ombler / Centre for Wildlife Gardening / London Wildlife Trust 2–3, 32mru, 40ur, 80–81m, 106m, Wildlife Gardening / London Wildlife Trust 75mr, Will Heap / John Armitage 125gor, 189ur, Justyn Willsmore 110l, Mark Winwood / RHS Wisley 10mru, 122ul; **Dreamstime.com:** 37704963 167um, Tatyana Abramovich 24ml, Airubon 177mru, 183gor, Akiyoko74 154m, Natalya Aksenova 166ul, Akwitps 170um, Alex7370 110–111um, Alexan24 77ul, Alexfiodorov 21mru (Bohne), Alessio Cola / Alexpacha 139mru, Anne Amphlett 11ur, Nadezhda Andriyakhina 136om, Arkadyr 26om, Atman 35mro, 161r, Aurinko 130um, Natalia Bachkova 29ml, Banprik 147mlu, Barmalini 94–95m, 154gor, Beatricesirinun 71um, Barbro Bergfeldt 167ml (Vanille), Kateryna Bibro 137mr, 149mlu, Harald Biebel 117om, Vladimir Blinov 128om, Stephan Bock 137m, Bombaert 41ur, Pichest Boonpanchua 149mlu (Korea-Melone), 156om, Alena Brozova 134om, Charles Brutlag 21mru (Samen), Marc Bruxelle 32mr, 74gor, 124um, Leonello Calvetti 42–43m, Chernetskaya 22ml, Yutthana Choradet 161mlu, Mohammed Anwarul Kabir Choudhury 166ml (Sesam), 174om, Su Chun 67gor, Sharon Cobo 7gor, 125mru, Countrymama 148mro, Cpaulfell 41om, Cynoclub 85ml, Jolanta Dabrowska 116gor, 166m, 186gol, Denira777 145gol, 161gol, Dewins 32mlu, Dianazh 175gor, Digitalimagined 35m, 48ur, 49m, 60mru, Cristina Dini 174mru, Anton Ignatenco / Dionisvera 150ml, Le Thuy Do 116mlu, 148–149gom, Dohnal 130ur, 131ur, Draftmode 23ml, 134mr (Banane), 146gol, 157ml, Reza Ebrahimi 57mru, Ed8563 59om (Lärchen), Ekays 33r, Emilio100 143gol, 179m, Empire331 12mru, Eyeblink 15gom, Ama F. 107ul, Fibobjects 77ur, Sergii Koval / Fomaa 136ul, Gaja 16–17mlo, Natalia Garmasheva 48om, Patrick Gosling 122mlo, Gow927 170–171m, Antonio Gravante 106gol, 171mru (Korken), Richard Griffin 80mro, David Hayes 69mru, Artem Honchariuk 130m, Zeng Hu 11ul, Boonchuay Iamsumang 174um, Andrii Iarygin 13, Anton Ignatenco 150mlo, Artem Illarionov 22m (Pfirsichstein), Imagoinsulae 59mlu, Irabel8 32mlu, Irinaroibu 151mru, Irochka 77mlo, Roman Ivaschenko 77um, Wasana Jaigunta 128um, 147mr, Janecat11 35mlu, Jfanchin 34mru, Jianghongyan 139ml, 147m, Justas Jarueviius / Jjustas 22mlu, Johannesk 118mu, Ang Wee Heng John 12mu, Joophoek 176mru, Jpldesigns 32–33go, Numpon Jumroonsiri 24ml (Lotos-Samen), Karelgallas 95ur, Katerina Kovaleva / Kkovaleva 148mr, Kav777 109mlu (Baum), Kazakovmaksim 32om, Kenishirotie 134mr, Kenmind76 135gol (Birne), Khunaspix 171m, Liliia Khuzhakhmetova 171ur, Kianlin 137om, Sharon Kingston 26mu, Klickmr 166ml, Sergey Kolesnikov 145ml, Kooslin 171mr (Hanfschnur), Kostiuchenko 29gol, 29gol (Blüte), 29gol (Mohn), Tetiana Kovalenko 104l, 175gol, Lev Kropotov 11um, 175mlu, Anna Kucherova 136mr, Tamara Kulikova 117um, 138mru, Wipark Kulnirandorn 106mru, Kurapy11 151gor, Andrey Kurguzov 145mlu, Denys Kurylow 58um, 109um (immergrüner Baum), Yauheni Labanau 7gom, 94mlu, Kateryna Larina 107gol, Muriel Lasure 43um, Robert Lerich 148mlo, Lesichkadesign 109mlu (Blatt), 154um, Sergei Levashov 30–31m, Lightzoom 157gol (Bürste), Liligraphie 153gol, Lirtlon 178mru, Luckyphotographer 91gor, Ludoriri 116mru, Thomas Lukassek 86u, Natthapon M 171mlu, Robyn Mackenzie 66gom, Mahira 142mru (Mandel), 166om, Goncharuk Maksym 144mlu (Blutorange), Maocheng 157mru, Sarah Marchant 148om, Massman 135ur, Josip Matanovic 94um, Vivian Mcaleavey 152mlo, Nicola Messana 92mlo, Microstock77 171mro, Barbara Delgado-Millea 5ul, 144mu, Miraswonderland 34mlu, Maksim Mironov 102mr, Elena Moiseeva 154ml, Graham Monamy 99um, Tanakorn Moolsarn 171gor, Ruud Morijn 129mr, Msnobody 108om, Tatiana Muslimova 142mlu (Mango), N Van D / Nataliavand 29r, Natika 134mlu, David Cabrera Navarro 166m (Tahina), Nbvf 152m, Neirfy 28ur, Pedro Turrini Neto 22m, Nevinates 135mlu, 146m (Kaki), Niceregionpics 146mlu, Natthawut Nungensanthia 130um (Sorghumhirse), Omidiii 142gor, Tatsuya Otsuka 116mlo, Ovydyborets 35mru, 171mr, Palex66 145gor, Nipaporn Panyacharoen 175um (Aloe vera), Bidouze Stephane 109mru (Regenwald), Photographieundmehr 138mlo, 168ml, 169ur, Photographyfirm 160um, Anna Kucherova / Photomaru 169m, Pikkystock 66mru, Pinkomelet 33um, Chanwit Pinpart 94m, Pipa100 57gor, 137um, 145mru, 149ml, 153mr, 156mro, 190gol, Pixbox77 171gom, Pixelife 25mlu, Planctonvideo 127mru, Andrii Pohranychnyi 175um, Olga Popova 49mlo, Saran Poroong 38–39, Ppy2010ha 136mlo, Anastasiia Prokofyeva 21mru (Zweikeimblättrige), Artaporn Puthikampol 66gol, Ra3rn 28om, Radu Borcoman / Radukan 49om, Rbiedermann 33ur, 76ur, Romasph 136ml, rRawlik 107r, Somphop Ruksutakarn 147mru, Sergey Rybin 48ul, Thongchai Saisanguansuwong 177gol, Roman Samokhin 144ml, Juana Maria Gonzalez Santos 175mr, Sarah2 43mro, Antonio Scarpi 155ml, 189gor, Bernd Schmidt 124mlo, 125mr, 125um, Martin Schneiter 92mro, Alfio Scisetti 116m, 168mru, 175mru, Eleonora Scordo 37gor, Sally Scott 135um, 160ml, Anna Sedneva 135gol, 152–153u, Toshihisa Shimoda 86mlo, 160m (Artischocke), Alexander Sidyakov 122mro, Sirfujiyama 70gor, Poravute Siriphiroon 10ur, Slallison 137um, Sommai Sommai 145om, 145mr, Stock Image Factory 174m, Stocksnapper 130m (Hafer), Subbotina 147um, Likit Supasai 148mlu, Yodsawaj Suriyasirisin 142um, Swkunst 142gol, Taitai6769 22mr, Taechit Tanantornanutra 118um (Farn), Maxim Tatarinov 138mlu, Wallop Thamsuaydee 6gol, 146mro, 187gor, Threeart 30mlu, Thungsarnphoto 171um, Sergii Trofymchuk 28m, Ievgenii Tryfonov 109gor, Twoellis 160ur, Valentyn75 7ul, 22om (Mohnsamen), 147om, Verastuchelova 84ur, 168um, Gabriel Vergani 131mr, Vitoriaholdingsllc 176um, Vladvitek 23r, Vvoevale 33mlo, Jürgen Wackenhut 74cl, Yael Weiss 22ca (Lupe), Shane White 43mru, Yutthasart Yanakornsiri 170um (Seil), Yvdavyd 138mr, 151om, Zakri2023 160gor, Dzmitry Zelianeuski 112mlo, Sheng Zhang 139ml (Yangmei), Zigzagmtart 148mru, Sergej Kutschugurni 150om; **flickr.com/photos/laajala/:** 70ml; **Nigel Forshaw:** 104mlo; **GAP Photos:** Jonathan Buckley 105m, Clive Nichols 113ml, Nova Photo Graphik 104mro, Friedrich Strauss 116mr, Visions 99mru, Richard Wareham 166um; **Garden World Images:** Rita Coates 53gor; **The Garden Collection:** FP / BIOSPHOTO 99mlu; **Getty Images:** 500Px Plus / Danny Dungo 72–73, Kazuo Ogawa / Aflo 71gor, AFP / Chaideer Mahyuddin 172–173, Nikolay Doychinov / Afp 75gol, AWL Images / Getty Images Plus / Catherina Unger 94mlu, P. Bonduel 26mro, Corbis / Getty Images Plus / Paul Starosta 51gor, Corbis Documentary / Paul Starosta 85mr, 98mlu, Creativ Studio Heinemann 138ml, De Agostini Picture Library 103gol, DEA / ARCHIVIO B / De Agostini 52mru (Sporen), DigitalVision / Tony Anderson 20mro, Clay Perry / Corbis Documentary 74–75um, Pankaj Upadhyay / EyeEm 112–113m, FlowerPhotos / UIG 29ul, Shem Compion / Gallo Images 151m, Joel Sartore / National Geographic Image Collection 87mro, André De Kesel 99mro, Konrad Wothe / Nature Picture Library 23um, Lindeblad, Matilda 36mlu, 190ur, Maximilian Stock Ltd. / Photographer's Choice 154mlo, Mint Images - Art Wolfe 162–163, Mint Images - Paul Edmondson 123mlo, I love Photo and Apple / Moment 70mlu, Jordan Lye / Moment 8–9, Moment / Callahan Galleries 58l, Pavel Gospodinov / Moment 179ur, Zen Rial / Moment 129mru, Navdeep Soni Photography 174gor, Andrey Nekrasov 85ur, Micha Pawlitzki / Photodisc 78gor, Ed Reschke / Photolibrary 110gor, Piotr Naskrecki / Minden Pictures 102um, Stephen Dalton / Minden Pictures 25gol, 68um, REDA&CO / Universal Images Group Editorial 106mlu, James Morgan / robertharding 160mlo, Paul Starosta 75gor, Manuel Sulzer 77mo, Yuri Smityuk\TASS 68gor, Tiler84 111r, TimArbaev 170ur (Milchsaft), Universal Images Group / Auscape 95gol, David Lees / Corbis / VCG 178um, Visuals Unlimited / Dr. Ken Wagner 41ml, Visuals Unlimited / Henry Robison 10mro, Buddhika Weerasinghe 167mlu, Woraput / E+ 125tm; **https://www.flickr.com/photos/heinerc/:** 71mr; **iStockphoto.com:** abriendomundo 96–97, Tamonwan Amornpornhaemahiran 107gor, anatchant 146m, Anna39 61gol, AntiMartina 122ur, asiafoto 69m, Balky79 61mr, Ballycroy 122um, Baramyou0708 118gol, Chengyuzheng 155ml (Mungbohne), 161ml, Creativeye99 150mru, 151mr, 154mr, cristaltran 132–133, Dafinchi 104–105um, Damocean 88–89, design56 146mru, 191mlo, DigiTrees 116om, 116ml, Dmitriy Kazitsyn 109um, DrPAS 117gom, Cislander / E+ 157m, E+ / ranasu 16ur, Eloi_Omella 140–141, Elpy 22om, emer1940 100mru, Enviromantic 166r, Eyepark 119gor, fcafotodigital / E+ 160m, Floortje 160mr, fotogaby / E+ 62–63, Griffin24 82–83m, joloei 147gor, Kynny 117ur, lindarocks 107om, lnzyx 112um, lovelyday12 118r, malerapaso 67mru, Masuti 130l, Mickey_55 176m, Mikespics 23gol, milanfoto 152mro, Natefeldman 155gom, Ninell_Art 82um, Only_Fabrizio 142mlu, PicturePartners 157mlu, Pittapitta 174l, Ploychan 93om, Portogas-D-Ace 147l, Rvimages 131um, Siebolдianus 93r, 111gol, Sunnybeach 142ml, Tacojim 123ul, tiler84 11um, Toktak_Kondesign 40mr, UrosPoteko 155mlu, Wushoung Wang 27mlu, zlikovec 109mru; **© Jeremy Rolfe (CC BY):** 80om; **Jonas Dupuich/Bonsai Tonight:** 124m; **Farhad Karami:** 21ur; **James Kuether:** 54–55; **Mary Evans Picture Library:** Library of Congress 124mlu; **Jim Mercer:** 93mu; **Susan Middleton:** Foto von D. Liittschwager und S. Middleton, © 2000 76um; **Monterey Bay Nursery:** Luen Miller 52um (Japanischer Farn); **NASA:** Kennedy Space Center 180–181, Marshall Space Flight Center 74um; **National Geographic Creative:** Michael Nichols 114–115; **naturepl.com:** Miles Barton 83ml, Simon Colmer 94om, Adrian Davies 34mlo, 98mlo, Chris Mattison 82ur, 118m, MYN / Marko Masterl 100mlo, Niall Benvie / MYN 4ur, 53ul, Colin Varndell 48ml; **pflanzio.com:** 53mlo; **Photo by Bryan Laughland:** 61gor; **PhytoImages:** Dr. Daniel L. Nickrent 102mlru; **Rex by Shutterstock:** imageBROKER 93mlo, Jspix / imageBROKER 70mru, Frederik / imageBROKER / Shutterstock 110om; **Science Photo Library:** Dr. Keith Wheeler 15um, Dr. Morley Read 44–45, Eye Of Science 40om, Michael P. Gadomski 59gom, Karl Gaff 49mu, Bob Gibbons 58mr, Steve Gschmeissner 28mu (Mohnsamen), M. P. Land 95gom, Cordelia Molloy 69mlu, John Serrao 61mlu, Nigel Cattlin / Science Source 47mro, Merlin D. Tuttle 69gor; **Jenn Sinasac:** https://www.flickr.com/photos/jennsinasac 25mr; **Rituraj Singh:** 176mro; **SuperStock:** Age Fotostock K22-216517 47mr, Biosphoto 27r, 85m, 112om, Eye Ubiquitous 14–15m, J. M. Barres / age fotostock 58mru, Juniors 84mr; **Wellcome Collection http://creativecommons.org/licenses/by/4.0/:** Science Museum, London 49mro.

Cover: *Vorn:* **123RF.com:** joytasa m (Pflanzentext). **Alamy Stock Photo:** Jolanta Dąbrowska mu (Schachtelhalm), Irina Naoumova (ugl). **Dorling Kindersley:** Debbie Patterson / Ian Cuppleditch um (Bonsai). **Dreamstime.com:** Su Chun ur, Anton Ignatenco / Dionisvera mo (Pistazien), Dorsetgirl2001 mogr, Draftmode gor, Ekays mu, Angelo Gilardelli / Angelogila um (Zapfen), Irochka gom, Anna Kucherova mogl, Verastuchelova ul, Vvoevale mru. **Getty Images:** Ed Reschke / Photolibrary mo (Baum). **iStockphoto.com:** Chengyuzheng mogr (Mungobohnen), UrosPoteko mo (Sojabohnen).
Hinten: **123RF.com:** Maksym Bondarchuk mlu. **Alamy Stock Photo:** Arterra Picture Library mo (Vergissmeinnicht), Avalon / Photoshot License mogl. **Dorling Kindersley:** Will Heap / John Pitt gor. **Dreamstime.com:** N Van D / Nataliavand gogl, Olgapshenichnaya mlo, Pixelife mo (Eichel), Sasaperic mu (Pfirsichkern), Taitai6769 mo (Apitong), Yvdavyd mo (Brombeeren). **iStockphoto.com:** anatchant mu (Passionsfrucht), anilakkus mu (Kaffeebohnen). *Rücken:* **123RF.com:** joytasa (Pflanzentext). **Dreamstime.com:** N Van D / Nataliavand go.

Alle anderen Abbildungen © Dorling Kindersley
Weitere Informationen unter **www.dkimages.com**